도시는 어떻게 역사가 되었을까

도시는 어떻게 역사가 되었을까

도시건축에 다가가기 위한 10가지 질문

1판 1쇄 발행 | 2021년 8월 25일
1판 2쇄 발행 | 2022년 1월 31일

지은이 이성근

펴낸이 송영만
디자인 자문 최웅림
편집 송형근 이상지 이태은 김미란
마케팅 이유림 조희연

펴낸곳 효형출판
출판등록 1994년 9월 16일 제406-2003-031호
주소 10881 경기도 파주시 회동길 125-11(파주출판도시)
전자우편 editor@hyohyung.co.kr
홈페이지 www.hyohyung.co.kr
전화 031 955 7600

© 이성근, 2021
ISBN 978-89-5872-178-9 03920

값 15,000원

도시는 어떻게 역사가 되었을까

도시건축에 다가가기 위한 10가지 질문

이성근 지음

효형출판

인류 최초의 집단 거주지, 차탈회위크

©Google Earth

Çatalhöyük
터키 아나톨리아 남부
코니아

2012년 유네스코
세계문화유산 등재

터키어로 포크를 의미하는 차탈(Çatal), 언덕을 의미하는 회위크(Höyük)가 합쳐져 만들어진 지명이다. 1958년 영국의 고고학자 제임스 멜라트에 의해 처음 발굴되었다. 비슷한 크기의 주택 여러 채가 벽을 맞대고 있으며, 지붕에 구멍을 뚫어 나무 사다리를 타고 출입하는 독특한 형태의 신석기 유적지다. 정착촌에서 도시 집적 형태가 발전하는 과도기를 보여 준다.

공공시설을 만들고 인프라를 갖췄던 우르

© Google Earth

Ur
이라크 남부 텔엘무카야

유프라테스 강과 티그리스 강 유역에서 발생한 메소포타미아 문명의 옛 도시. '신전의 탑'이라는 뜻의 지구라트를 중심으로 중심 도로가 길게 뻗으며 전면 중앙과 좌우에 계단을 배치하여 산과 같은 형상을 하고 있다. 지구라트 주변에는 사제들의 거주지로 성역을 만들었다. 우르 유적지에서 나온, 점토판에 남겨진 쐐기 문자 기록으로 당시의 생활상을 알 수 있다.

민주주의가 시작된
아테네
아크로폴리스

© Google Earth

Acropolis of
Athens
그리스 아테네

1987년 유네스코
세계문화유산 등재

그리스어로 높은 곳을 뜻하는 아크로(Acro)와 도시국가를 의미하는 폴리스(Polis)가 합쳐진 지명. 고대 그리스의 폴리스마다 제각각 아크로폴리스를 갖추고 있었지만 단연 아테네의 아크로폴리스가 압권이다. 우측 상단의 파르테논 신전은 그 주변에서도 제일 높아, 비잔틴 시대에는 대성당으로, 오스만 투르크 지배하에서는 화약고나 총사령부로 사용될 만큼 요새였다.

테세우스와
미노타우로스 신화의
크노소스 궁전

Palace of Knossos
크레타 섬 크노소스

크노소스는 지중해 한가운데 크레타 섬에 있는 청동기 시대 유적지로, 미노스 문명의 중심지로 알려져 있다. 크노소스 궁전은 크레타의 북쪽 해안 산등성이 아래에 있는 유적지로, 테세우스와 미노타우로스 신화의 배경이 되었던 복잡한 미궁의 실제 현장이다. 1900년 영국의 고고학자 아서 에반스에 의해 발굴되었고 지금도 복원이 계속되고 있다. 그리스 신화는 그저 허구가 아니라 역사적 사실을 바탕으로 전해지고 있다는 것을 보여 준다.

로마 제국의 탄생지, 포로 로마노

Foro Romano
이탈리아 라치오 주 로마

유럽은 물론, 소아시아와 북아프리카 전역을 지배했던 고대 로마의 집적 회로가 작동했던 곳. 신전과 공회당 등 공공시설이 밀집돼 있다. 근처에는 로마가 시작된 곳이라고 알려진 팔라티노 언덕과 원형 경기장 콜로세움도 있다. 병풍처럼 펼쳐진 팔라티노 언덕은 대전차 경주가 있었던 곳으로 수많은 영화의 배경으로 유명하다.

1990년 유네스코
세계문화유산 등재

격자형
집합 주택 형태가 선명한,
오스티아

Ostia
이탈리아 라치오 주

하구를 의미하는 라틴어 오스티움(Ostium)에서 유래했다. 상단의 푸른 테베레 강을 통해 로마와 연결되고 코발트블루의 지중해가 감싸 안으며 로마의 외항으로 크게 번창했다. 당시 도시가 성장하며 급증한 인구를 수용하기 위한 다층 집합 주택 인술라가 지어졌는데, 그 흔적이 고스란히 남아 있다. 격자 형태의 도시 구조가 하늘에서 보아도 선명할 만큼 인상적이다.

9

아피아 가도의 끝,
브린디시

Brindisi
이탈리아 풀리아 주

천혜의 Y자 협만이 숫사슴 뿔(Brundisium)을 닮아 브린디시 라는 지명이 탄생했다. 브린디시는 아피아 가도의 종점 항구 이자 아드리아 해와 지중해로 뻗어 나가는 출발 도시였다. 이 탈리아 반도의 남쪽 끝에 위치해 그리스, 중동, 북아프리카로 떠나는 무역선과 관광선이 예나 지금이나 북적인다. 중세에 는 십자군 원정이나 성지 순례가 시작되는 곳이었다. 아피아 가도가 끝나는 바다쪽에 계단식 광장이 만들어져 로마 기둥 이 우뚝 서 있다.

고딕 양식 건축물의 보고, 브뤼헤

© Google Earth

Bruges
벨기에 북서부 플랑드르
지방

2000년 유네스코
세계문화유산 등재

브뤼헤는 중세의 모습을 온전히 간직한 벨기에의 역사 도시다. 13세기부터 한자 동맹의 중계 무역항 기능을 하며 북유럽의 베니스라고도 불렸다. 한때 플랑드르의 수도로 기능했고 역사 지구는 벽돌로 된 고딕 양식 건축물의 보고다. 건축학적 조화가 뛰어난 이 도시는 중세 유럽의 상업, 문화 분야에서 독보적 역할을 담당했다. 바다와 접한 데다 하천, 운하를 적극 개발하고 성벽을 올려 신고딕 양식 건축물의 경연장 같다.

원형 경기장이 기반 시설이 되다, 아를

© Google Earth

Arles
프랑스 프로방스 지역
부슈뒤론 주

기원전 2세기부터 로마의 지배를 받아 원형 경기장, 고대 극장 등 로마의 유적이 고스란히 남아 있다. 로마 제국이 사라진 후, 혼돈의 중세에도 프랑스인들은 로마인들처럼 아를의 햇살과 풍경을 사랑하며 원형 경기장 주변에 옹기종기 모여 살았다. 이를 중심으로 도시가 뻗어 나갔고 원형 경기장은 아를의 뿌리가 되었다. 근대에는 화가 반 고흐가 이곳에서 보석 같은 작품을 남기며 활동했고 그의 작품 배경을 보기 위한 관광객들의 발길이 일 년 내내 끊이지 않는다.

메디치
가문의
도시,
피렌체

© Google Earth

Firenze
이탈리아 토스카나 주

르네상스의 발상지로, 메디치 가문이 세운 예술의 도시이자
건축의 도시라고 할 수 있다. 산타 마리아 델 피오레 대성당,
베키오 궁전과 다리, 우피치 미술관 등이 오롯이 남아 있다.
사진 밑에 선명히 잡히는 아르노 강은 르네상스를 상징하는
도시 피렌체를 예나 지금이나 포근히 감싸며 흐른다.

1982년 유네스코
세계문화유산 등재

거대한 별, 팔마노바

© Google Earth

Palmanova
이탈리아
프리울리베네치아줄리아
주

베니스 지역에서 주로 활동했던 르네상스 시대의 건축가 스카모치에 의해 조성된 계획 도시로, 도시 전체가 커다란 별 모양을 하고 있다. 육각형의 넓은 중앙 광장에서 시작된 중심 도로들이 사방팔방으로 뻗어 나가고 있다. 이 도로들은 시각적인 효과를 높이려 다소 과잉스럽게 축조되다 보니 도시의 규모에 비해 멀리 그리고 크게 뻗어 나갔다. 외부의 침입과 감염병으로부터 도시를 관리하기 위한 방사형 구조라는 얘기도 전해 온다.

세상에서 가장 아름다운 응접실, 산 마르코 광장

Piazza San Marco
이탈리아 베네토 주
베니스

1987년 유네스코
세계문화유산 등재

정치, 종교 등 도시의 모든 기능이 몰려 있던 광장이다. 열주 건물이 ㄷ자 형태의 거대한 홀 같다. 광장의 동쪽 끝에 산 마르코 대성당이 위치해 있다. 이 성당의 전면부 중앙 정문은 거대한 아치와 대리석 장식들로 꾸며져 있다. 그 옆으로는 1499년에 완공된 시계탑이 우뚝 솟아 있고 다양한 아케이드가 어깨를 나란히 하며 광장을 감싸니 보는 것만으로 즐겁다. 나폴레옹은 이곳을 '세상에서 가장 아름다운 응접실'이라 불렀다.

아름다운
샘물,
쇤브룬 궁전

©Google Earth

Schloss
Schönbrunn
오스트리아 빈 서남부

1996년 유네스코
세계문화유산 등재

빈 외곽에 위치한 바로크 양식 궁전. 쇤브룬은 독일어로 아름다운(Schön) 샘물(Brunn)이라는 뜻을 담고 있다. 18세기 중반에 마리아 테레지아 여제의 여름 별장으로 지어져 1900년대 초까지 합스부르크 왕가의 별장으로 이용되었다. 강력한 왕권을 나타내는 방사형의 길이 만들어져 있다. 빽빽한 총림과 평면 대칭의 앞뜰, 멀리 보이는 잔디 구릉으로 이루어진 전형적인 프랑스식 정원이다. 강력한 왕권을 보여 주려 했던 합스부르크 왕가의 상징과 같은 존재다.

도시를 감싸 안은
암스테르담 운하

Canals of Amsterdam
네덜란드 암스테르담

2010년 유네스코
세계문화유산 등재

네덜란드의 수도이자 규모 면에서도 유럽 내에서 손에 꼽히는 대도시다. 12세기부터 암스텔 강 하구에 둑을 쌓으며 도시가 발전하기 시작했는데, 암스테르담이라는 지명도 여기에서 유래했다. 무려 100킬로미터가 넘는 물길과 90여 개의 섬, 그리고 1,500여 개의 다리가 도시를 씨줄과 날줄처럼 규칙적으로 연결하고 있다. 17세기 중반에 반원형의 운하가 완성되며 지금과 같은 도시 형태를 갖추게 되었다. 구시가지 운하 지구에는 관광객의 발길이 끊이질 않는다.

교황의 도시, 바티칸과 로마

Vatican City & Rome
이탈리아 라치오 주 로마

16세기에 교황이었던 식스토 5세가 도시를 정비하며 바티칸과 로마에 거대한 성당과 트리비움, 오벨리스크 등이 생겼다. 성 베드로 대성당은 세계에서 가장 큰 성당으로도 잘 알려져 있고, 포폴로 광장은 과거에 로마에서 북쪽으로 뻗어 나가는 플라미니오 가도와 연결되어 있었다. 로마 안에 위치한 하나의 도시국가인 바티칸 시국은 그 자체로 가톨릭의 근원이다.

승리의 아치,
개선문과
샹젤리제

© Google Earth

Arc de Triomphe
& Champs-
Élysées
프랑스 파리

파리의 중심축을 이루는 샹젤리제는 개선문과 콩코르드 광장을 연결하는 약 2킬로미터 길이의 대로다. 이 대로의 동쪽으론 산책용 공원이, 서쪽으론 호텔, 카페, 극장 등 화려한 건물들이 즐비하다. 파리 개선문은 원형의 샤를 드 골 광장 한가운데에 위치해 있으며, 광장 건너편으로 신시가지 라 데팡스로 향하는 길이 장쾌하게 뻗어 있다.

9와 4분의 3 승강장의
런던 킹스 크로스

©Google Earth

King's Cross Station
영국 런던 북부

산업 혁명기 런던에 건설된 기차역으로, 처음에는 런던과 북쪽 교외 지역을 연결하다가 1970년대부터는 런던 시내로 향하는 지하철이 뚫리며 교통의 중심지로 발전한다. 영화 〈해리 포터〉에서 해리와 그 친구들이 호그와트 급행 열차를 타는 곳으로 유명하다. 유로스타의 종착역인 세인트판크라스 역과 길 하나를 사이에 두고 떨어져 있다.

노동자를 위한
공동 주택,
기즈 파밀리스테르

© Google Earth

Familistère de Guise
프랑스 오드프랑스 지방
기즈

고댕이 샤를 푸리에의 팔랑스테르에서 영향을 받아 설계했다. 공장 노동자들을 위한 ㅁ자 형태의 거대한 집합 주택이다. 가운데에 커다란 중정을 만들어 당시의 주택 문제를 해결하려 했다. 노동자를 위한 공동 주택으로 상당한 성공을 거두어 이후에 영국, 미국, 러시아 등에서도 파밀리스테르와 유사한 다양한 주택들이 만들어진다.

공예와 기술을
접목한 교육,
데사우 바우하우스

© Google Earth

Bauhaus Dessau
독일 데사우

1919년에 독일 바이마르 지역에서 바우하우스가 설립되었고, 초대 교장으로 발터 그로피우스가 취임하였다. 바우하우스는 1925년에 데사우로 이전하며 건물의 기능에 충실한 모습으로 새로 설계되었다. 예술성과 기능성을 모두 갖춘 건축 디자인 교육을 추구하였다.

1996년 유네스코
세계문화유산 등재

근대적인 주택을 만들다, 바이센호프 주거 단지

© Google Earth

Weissen-hofsiedlung
독일 슈투트가르트

1927년, 미스 반 데어 로에를 비롯해 르 코르뷔지에와 발터 그로피우스 등 여러 건축가들은 기술과 예술을 결합하고자 했던 독일공작연맹 전시회에 맞춰 바이센호프 주거 단지를 건설했다. 이 주거 단지는 불필요한 장식과 공간을 과감히 없애고, 유리와 콘크리트 등 현대적인 재료들을 적극적으로 활용해 지어졌다.

23

도시건축이 낯선 독자들에게

이 책은 우리가 흔히 접하는 용어지만 한마디로 정확히 설명하기에는 어렵게만 느껴지는 도시건축이라는 개념을 보다 쉽게 이해하기 위해 쓰여졌습니다.

도시건축은 도시와 건축이라는 두 단어가 모여 만들어졌습니다. 이들은 모두 전통적인 개념이며, 오래전부터 인류가 친숙하게 사용했던 단어입니다. 그렇다면 둘의 합성어인 도시건축은 과연 무엇을 의미하는 걸까요?

도시건축은 다음의 세 가지 관점으로 나누어 볼 수 있습니다.

먼저, 도시와 그 도시를 구성하는 여러 요소들 중의 하나인 건축물을 함께 바라보는 방식입니다. 도시와 건축의 관계를 '병렬적인' 시점에서 본다고 생각하면 됩니다. 두 번째로, 건축물을 이해하고 해석하기 위해 도시와의 '관계 속에서' 그 특성을 찾으려는 방식이 있지요. 다시 말하면, 도시와의 연관성을 바탕으로 건축물을 바라보는 것을 뜻합니다.

마지막으로 이 책에서 다루고자 하는 도시건축의 관점은, 도시를 건축적 시각으로 바라보고 해석하는 것입니다.

도시와 건축은 공간적·물리적으로 서로 얽혀 있습니다. 두 분야의 유사성을 공통 분모로 두고 도시를 건축적인 관점에서 이해하고 탐구할 수 있지요. 하나의 건물이 침실, 거실, 주방 등 여러 가지 쓰임새의 공간과, 복도와 계단 등 공용 공간, 그리고 편리한 생활 환경을 위한 설비 시설들로 이루어져 있듯이, 도시도 기능에 따라 상업과 주거, 문화 등 지역 지구와 도시가 도시다운 풍모를 지니고 작동할 수 있도록 도로와 광장, 공원과 같은 기반 시설이 갖춰져 있어야 합니다. 이처럼 도시와 건축은 유사한 요소로 구성되어 있습니다. 도시의 구성 요소와 공간적 특징을 건축적 시각으로 해석하고, 독자들에게 이 개념을 더욱 쉽게 알려주고자 이 책을 쓰게 되었습니다.

도시건축에 대한 세 가지 관점

- 도시 + 건축
- 도시 속의 건축
- 건축의 시각(관점, 개념)으로 보는 도시

또한, 이 책은 도시건축이라는 개념에 큰 관심이 없는 사람에게도 세계의 유명한 도시들을 가벼운 마음으로 돌아볼 수 있는 즐거움을 줄 겁니다. 도시건축이라는 색다른 시각으로 여행하다 보면 그 도시가 태어난 뿌리와 역사적 배경이 곁들여져 한층 재미있어질 겁니다.

도시건축의 개념을 쉽게 설명하기 위해 주로 유럽의 도시들을 예시로 들 텐데요. 왜 유럽 도시들만 등장하냐고 반문할 수도 있겠군요. 동양의 도시들도 오랜 역사와 제각각 특색을 가지고 있지만, 도시건축이란 개념이 서양 문명에서 비롯되었으니 동양보다는 서양 도시들을 사례로 들어 설명하는 것이 연관성이 깊고 이해가 빠를 듯합니다. 동양 도시들에 대한 이야기는 훗날을 기약하며 더 밀도 있게 준비해 두는 것도 바람직하겠지요.

도시와 건축의 차이점

그렇다면 기본적인 질문으로 돌아가 봅시다. 도시와 건축은 어떻게 다른 걸까요?

이 책에서 이야기하는 도시건축은, 도시와 건축에 유사한 부분이 있고 같은 뿌리에서 비롯되었다는 전제에서 출발합니다. 도시와 건축은 모두 사람을 둘러싼 물리적인 공간을 다루는 분야죠. 이런 유사성은 구성적·구조적인 측면을 말합니다. 특히 도시의 물리적 구성이 건축의 구축적 특성과 닮아 있다는 의미입니다.

구축적 특성, 어렵고 딱딱한 개념이지요. 세분화된 요소들이 하나의 구조를 이루며 특정 건축물이나 도시와 같이 눈에 보이는 형태를 형성한다는 뜻입니다.

그러나 도시와 건축은 분명하게 구분되기도 합니다.

다른 점을 살펴볼까요. 우선 떠오르는 것은 규모의 차이입니다. 도시 공간은 일정 규모 이상의 인구와 면적으로 이루어졌기 때문에 물리적인 관할권과 행정적인 영향력을 갖고 있습니다. 단일 건축물이 기본 단위가 되는 건축과는 범주가 확연히 다릅니다. 넓은 영역을 잘 관리하기 위해 용도에 따라 구역이 나누어지고 각 구역마다 사람들의 행위가 발생하곤 하지요. 따라서 도시를 바라보고 해석하는 시야는 건축에 비해 공간적 범위가 훨씬 넓고 시간적으로도 오랜 관찰을 필요로 하는, 그야말로 시공간을 아우르는 성격을 띕니다.

도시와 건축은 다루는 일에서도 명백한 차이를 드러냅니다.

도시 계획가에게는 구역의 활동과 용도를 먼저 생각하고 그에 걸맞게 지역을 분할하고 관리하는 일이 주된 업무가 됩니다. 반면에 건축가의 핵심적인 역할은 정해진 용도에 맞게 일정 규모의 건물을 물리적으로 구축하는 것이죠.

도시와 건축의 비교

도시	건축
· 지역적 범위 · Macrosociology(거시적) · Program(활동, 용도) · 구역의 분할, 정리	· 건축물 · Microsociology(미시적) · Construction(구축) · 공간 창출 : 활동, 용도

건축적인 시각

건축적인 시각이란 공간을 구축적 환경으로 바라보고 해석하고자 하는 시각을 말합니다. 구축적 환경이란 의도적으로 만든 인공적인 환경이라 정의 내릴 수 있습니다.

하나의 건물을 짓기 위해서는 우선 구조적인 기술이 필요하고, 쓰임새에 따른 공간 구성 계획이 있어야 합니다. 이를 훌륭한 외관으로 나타낼 건축 미학적 능력도 중요하지요. 이처럼, 기획된 생각과 공학적 기술로 특정한 목적을 위한 공간을 만드는 것이 건축의 핵심이라 할 수 있습니다. 도시를 물리적인 요소들로 이루어진 환경으로 보고자 하는 것이 바로 건축적 시각입니다.

실제 생활 속에서 예를 찾아봅시다. 안락한 침실을 만들기 위해서는 침대를 비롯한 몇몇 가구를 놓을 최소한의 공간 면적이 필요합니다. 더불어, 방에서는 보이지 않는 기둥과 같은 구조체를 비롯해 벽과 바닥에 숨겨져 있는 각종 전기, 통신, 조명, 난방 및 환기 시설들이 갖춰져야 하죠.

즐겁고 활기 넘치는 도시의 광장도 건물 내부 공간처럼 적정 인구가 즐길 수 있는 유휴 면적이 반드시 뒤따라야 합니다. 광장이 제 기능을 발휘하고 시민 모두가 만족할 수 있는 다양한 휴게 공간 및 조명 시설 등이 갖춰져야 하겠지요.

따라서 '도시를 건축적인 시각으로 해석한다'는 것은, 도시 공간을 만드는 물리적인 요소들을 통해 도시 공간의 구축적인 특징을 곰곰이 살펴본다는 의미입니다.

구축된 환경

특정 용도를 위한 공간	+	공간을 만들기 위한 구조 기술

건축적 시각으로 해석하기

건축적인 관점에서 도시를 해석하려고 한 시도는 이전에도 물론 있었습니다. 특히, 1900년대 근대 건축가들의 활동이 눈에 띄지요.

프랑스에서 주로 활동했던 대표적인 근대 건축가인 르 코르뷔지에(1887~1965)는 기능을 중시하는 합리적인 건축을 강조했는데, 줄곧 도시 또한 이러한 관점을 바탕으로 만들어져야 한다고 주장했습니다.

그는 도시 계획안에 교통과 인구 문제를 해결하기 위해 도시 중심부에 고층 건물들을 배치하고 아울러 그곳을 가로지르는 고속 교통망을 갖춰야 한다는 제안을 담았습니다.

당시에는 도시의 중심부를 관통하는, 차량만을 위한 고속 도로라는 개념조차 없었습니다. 르 코르뷔지에는 기차가 다니는 철로에서 아이디어를 얻어 자동차 전용 고속도로라는 개념을 구체화하는 제안을 하기도 했습니다. 당시로선 혁신적인 제안이었죠.

여기에 그치지 않고 르 코르뷔지에는 도로를 따라 60층의 고층 건물들을 늘어놓는 계획안을 발표합니다. 늘어나는 자동차와 인구를 도심으로 집중시켜 교통 혼잡을 대폭 줄이고, 운송 체계를 개선해 더 많은 녹지 공간을 확보하는 것이 기본 원리입니다. 중심부에는 각각 만 명에서 5만 명까지 수용할 수 있는 24개의 고층 오피스 빌딩들이 들어서 있고, 60층까지 치솟은 빌딩들은 채광에 문제가 없도록 십자 형태의 평면으로 이루어져 있습니다.

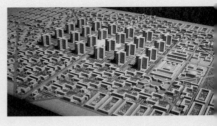

르 코르뷔지에의 도시 계획안 중심부에는 24개의 고층 오피스 시설이 위치하고 있으며, 주변부에는 저층의 빌라형 공동 주택이 자리잡고 있다. 도시 공간의 기능적 효율성을 위하여, 용도에 따른 공간 분할과 건축 형태를 제시하고 있다.

건축적인 개념을 도시 영역으로 확장해 해석하는 현대 건축가로는 네덜란드 출신의 렘 콜하스(1944~)가 있습니다. 도시와 건축 분야의 영역을 구분하지 않고 동일한 관점으로 바라보려 한 그의 시도는 다양한 프로젝트에서 엿볼 수 있는데, 그중에서도 파리(Paris) 중심의 상업 및 교통 시설인 레 알(Les Halles) 지구의 설계안에서 그의 관점이 명확하게 드러나고 있습니다.

레 알 지구는 1971년에 이르러 현대적인 시설로 재탄생했습니다. 그 결과, 대형 아케이드 상가는 물론 그 아래로 지하철이 지나가는 등 교통과 상업의 요충지가 되었지만, 2000년대 들어 시설이 낙후되고 복잡하기만 한 지하 공간이 혼잡을 유발해 또다시 재정비를 위한 새로운 계획이 수립되었지요.

그리하여 현상 설계를 통해서 새로운 계획안을 만들자는 의

견이 나옵니다. 이 공모에 렘 콜하스가 참여하며 그만의 독특한 아이디어가 세상에 나왔지요. 렘 콜하스는 레 알의 지하에서 발생하는 복잡다단한 프로그램들이 서로 단절되면서 수직으로 켜켜이 쌓여만 간다고 생각했고, 차단된 각각의 프로그램들을 지하에서 지상으로 돌출시켜 서로 자유롭게 섞이며 융합하게 하는 설계안을 제안했습니다. 지하에 밀집되어 있던 이 프로그램들을 지상으로 끌어올림으로써 지하의 혼잡은 줄어들고 지상의 주변 지역으로도 전파되어 주변이 역동적으로 변모할 것이라는 접근법이었습니다.

여기서 다른 건축가들의 아이디어와는 상당히 다른 점을 볼 수 있습니다. 앞에서 언급했듯이 건축가들은 공학적 기술을 바탕으로 건물을 구축하는데, 렘 콜하스의 계획에 대해 당대 건축가들은 건물의 구조적인 형태를 이해하기가 좀처럼 쉽지 않았습니다. 보통의 도시 계획가들은 땅을 수평적으로 구획하는 데에 익숙합니다. 그러나 그는 수직적인, 막대기 형태 안에 여러 프로그램을 담아놓는 방식으로 그의 계획안을 설명하고 있지요.

렘 콜하스는 건물의 특징적인 형태보다는 그 안에서 어우러지며 발생하는 프로그램의 구성과 조화, 재조합, 그리고 주변 지역과의 연계성을 중요시합니다. 그는 한마디로 자신만의 독특한 방식으로 설계하는 건축가였습니다.

비록 렘 콜하스가 이 현상 설계에 당선되지는 못했지만, 여기서 우리가 알 수 있는 것은 도시와 건축의 유사성입니다. 그리고 도시를 계획하듯이 건축물을 디자인하기도 한다는 것입니다. 르 코르뷔지에와 같이 도시를 하나의 커다란 건축물로 생각할 수도 있지요. 결국 대규모 건축물도 자세히 살펴보면 도시가 갖는 속성과 특징을 품고 있습니다.

도시를 제대로 이해하기 위해서는 도시를 만드는 사람과 그들의 활동뿐만 아니라, 그 결과이자 거기서 만들어지는 물리적인 환경들에 대해서 함께 이해할 필요가 있습니다. 도시를 구성하는 개별 요소들이 만들어지고 발전하는 계기를 역사적 흐름 속에서 본다면, 도시를 더 포괄적인 관점으로 접근하고 이해할 수 있으리라 생각합니다.

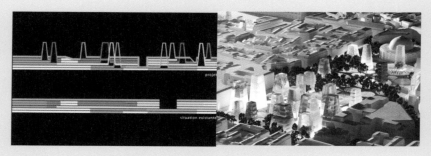

(왼쪽)아래는 레 알의 지하 공간에서 발생하는 프로그램을, 위는 지하에 단절된 프로그램을 리노베이션을 통해서 지상으로 노출시키고자 하는 계획을 그리고 있다. (오른쪽)렘 콜하스는 파리의 전통적인 상업 시설 레 알의 리노베이션을 위해 지하철, 지하 상업 공간, 지하 주차장, 지하를 관통하는 차도, 지상 상업 공간에서 발생하는 프그로램의 재배치를 계획한다. 지하에 숨겨져 있던 도시의 프로그램들을 수직적으로 건축된 환경으로 돌출시켜 지상 공간 프로그램과의 융합과 확산을 꾀했다.

따라서 이 책에서는 도시와 도시 공간을 구성하는 데에 있어 필수적이고 대표적인 요소들을 역사적으로 중요한 시기와 연결하여 살펴보려 합니다.

여러 도시 요소들이 특정 시기에만 등장하고 사라지는 것은 아니지만, 시기마다 두드러지게 나타나는 도시의 특징과 그 도시를 구성하는 개별적인 요소를 함께 살펴본다면 그 생성 과정과 맥락을 보다 쉽게 이해할 수 있습니다.

결국 도시 공간을 구성하는 개별적이고 물리적인 요소들도 모두 도시 문화의 필연적인 산물이기 때문입니다.

그럼, 도시건축이 어떻게 시작되고 발전했는지 차근차근 살펴보겠습니다.

목차

런던
산업 혁명이 시작된
영국의 수도, 런던의 킹스
크로스 역은 해리포터
영화 촬영지로도
유명하죠.
⇒ p.170

암스테르담
암스테르담의 운하 폭은 25미터로
만들어졌는데요. 이 숫자에는 어떤
의미가 있을까요?
⇒ p.141

데사우
독일 데사우에는
바우하우스라는 학교가
있었는데요. 이곳에서는
무엇을 배웠을까요?
⇒ p.186

독일

폴란드

실체스터
⇒ p.95

생토메르
⇒ p.107

브뤼헤
발음도 생소하고
특이한 도시, 브뤼헤.
그 이름에 얽힌
이야기를 자세히
들여다볼까요?
⇒ p.109

뷔딩엔
⇒ p.113

체코

슈투트가르트
⇒ p.194

파리
파리의 개선문과 샹젤리제
거리는 누가, 어떻게
만들었을까요?
⇒ p.155

레겐스부르크
⇒ p.96

빈
⇒ p.137

피렌체
피렌체에서 르네상스가
꽃핍니다. 귀족과
예술가들은 힘을 합쳐
도시를 아름답게
가꾸었지요.
⇒ p.120

프랑스

팔마노바
⇒ p.129

님
⇒ p.92

아를
⇒ p.111

로마
로마 제국의 공중
목욕탕에는 목욕 시설만
있는 것이 아니었지요.
무엇이 더 있었는지
살펴볼까요?
⇒ p.90

오스티아
⇒ p.87

스페인

세고비아
⇒ p.93

모로코

알제리

튀니지

리비아

시대를 상징하는 아이콘을 따라가 보면, 어느새 도시건축의
흐름이 머릿속에 차곡차곡 들어와 있을 겁니다.

신석기 시대
인류 집단 거주지 발생

인류 문명 발생기
도시 내 공공시설 형성

고대 그리스 시대
시민 중심의 도시국가 발달

로마 제국 시대
거대한 제국 형성

중세 시대
봉건 제도 발생

르네상스 시대
예술적인 도시 계획 진행

상업 발달기
실용적인 상업 도시의 성장

바로크 시대
거대한 광장과 대로 형성

산업 혁명
공업화로 인한 사회 문제 발생

근대 건축 발전기
실용성을 중시한 건축 발달

우크라이나

루마니아

아테네
고대 그리스에서는
개개인의 역할이
중요했습니다. 그래서
개성을 존중하는 교육이
발달했지요.
⇒ p.71

차탈회위크
차탈회위크 주거지에는
벽이 아닌 지붕에 문이
있었습니다. 그렇다면
사람들은 어떻게
드나들었을까요?
⇒ p.45

조지아

스파르타
⇒ p.72

크레타
⇒ p.66

터키

우르
피라미드는 이집트에만
있는 것이 아니었습니다.
메소포타미아 유적지에도
거대한 계단식
피라미드가 있었죠.
⇒ p.55

시리아

이라크

이집트

요르단

1.
최초의 도시는
어떻게 시작되었을까?

B.C. 10000
신석기 시대의 시작

도시의 기원은 약 6000년 전으로 거슬러 올라갑니다. 세계 4대 문명의 발상지에서 인류의 문화가 시작되는 시점입니다. 그 최초의 흔적은 여러분도 잘 아는 메소포타미아와 인더스 문명에서 찾아볼 수 있지요. 유프라테스 강 유역에서 발전한 우르(Ur), 또는 우루크(Uruk)와 같은 수메르 문명 유적지가 최초의 도시로 여겨지고 있습니다.

그렇다면, 인류는 문명 발달 초기부터 도시를 형성하여 문화를 발전시켰을까요? 그렇지는 않습니다.

우르보다 더 오래된 인류의 집단 거주지 유적도 있는데, 바로 터키 남부 고원 지대에 위치한 차탈회위크(Çatalhöyük)입니다. 처음 들으시는 분들이 많을 겁니다. 이곳은 메소포타미아 도시 유적보다 이른 시기에 지어졌으며, 도시의 기원에 대한 중요한 단서를 지니고 있습니다.

도시의 시작과 기원에 대해서는 여러 학설이 있습니다. 우선, 신석기 시대에 있었던 농업 혁명으로 인해 인구가 증가하고 농사를 짓기 위해 일정한 곳에 정착하는 생활 방식이 자리잡으며 정주 문화가 발전했다는 설이 있지요. 농업 혁명으로 잉여 생산물이 만들어지고 식량 생산 이외의 새로운 산업도 나타납니다. 다시 말해, 경작 활동이 가능해진 것이 도시가 만들어진 배경이라는 것이지요.

도시학자 루이스 멈포드(1895~1990)는 최초의 도시가 만들어지는 과정을 도시 혁명이라고 지칭하며, 이런 변화가 일어날 수 있었던 원동력으로 잉여 생산물의 발생을 꼽습니다. 그래서 그는 선사 시대의 유적들 중 그릇과 관련된 장소를 중요하게 여깁니다. 그릇은 남은 먹거리를 보관하는 데에 사용되니까요.

그러나 최근에는 농업 혁명과 도시의 형성 과정을 다른 관점으로 바라보는 이론도 주목받고 있습니다.

초기의 집단 거주지에서 농업 혁명이라 할 만큼 대량의 잉여 생산물을 수확하지는 못했지만, 이 시기에 유랑 생활을 하는 장인 집단이 존재했으며 그들과 장신구나 그릇 등 생필품을 교환하기 위해 농업 생산량을 더욱 늘렸다는 이론입니다.

도시의 기원을 알려 주는 유적지, 차탈회위크

자, 여기서 다시 차탈회위크에 주목해 봅시다.

터키 남부의 아나톨리아 고원 지대에서 발굴된 차탈회위크 신석기 유적지는 이러한 이론을 뒷받침하는 중요한 사례로 여겨지고 있습니다. 이곳에는 기원전 6000년경에 최소 2천 가구, 만 명 이상이 거주했던 집단 취락지가 형성되어 있었지요. 규모로만 보면 도시라고 불려도 이상하지 않습니다. 그러나 도시라고 하기에는 물리적인 구조가 불완전하고, 식량 생산 이외의 산업 활동 흔적은 찾기 어려운 독특한 모습을 하고 있었지요.

발굴된 유적을 살펴보면 사람들이 식량과 토기들을 자급했고, 가족 중심의 사회에서 각각의 가정이 독립적으로 집을 소유했음을 알 수 있습니다. 독립된 둘 또는 네 개의 집들이 하나의 제단을 공유하고 있었지요. 다만 공공 생활이나 종교 활동을 위

차탈회위크 주거지 복원도

차탈회위크 유적지 발굴 현장 유적지 일부는 일반 대중들의 관람을 위해 개방되었고, 발굴 작업은 현재까지 진행되고 있다.

한 건물은 따로 찾아볼 수 없습니다. 이러한 점들로 미루어, 차탈회위크 거주지에서는 식량 생산 이외의 전문적인 활동을 하는 전업 장인이나 상인, 사제 등의 집단은 발생하지 않은 것으로 보입니다. 위계에 따른 사회 계급도 아직 형성되지 않았죠. 즉, 차탈회위크는 인구수로는 도시의 규모를 갖추었지만 가족 중심의 평등한 사회 경제 활동을 하며 선사 시대 집단 취락의 사회 조직과 특성을 유지하고 있었습니다.

차탈회위크 유적지의 공간 구성을 살펴보면 독특한 특징을 발견할 수 있는데, 바로 집들 사이에 통로가 없다는 점입니다.

거주민들은 벽에 만들어진 문이 아니라 지붕 위에 뚫린 개구부를 통해 출입할 수 있었고, 이 구멍이 통풍구의 역할도 동시에 했을 겁니다. 집의 바깥과 안쪽에는 각각 이동을 위한 사다리가 놓여 있었고, 개구부 아래쪽 바닥에는 화로가 만들어져 있었습니다. 따라서, 천장에 뚫린 구멍은 화로의 연기가 배출되는 굴뚝의 역할도 겸했을 것이라고 예상해 볼 수 있겠지요.

화로 옆으로는 바닥의 단을 조금 높여 소의 머리나 뿔로 장식하기도 했는데, 종교적인 의식이 치러졌던 곳으로 보입니다. 벽면에서는 여러 가지 색으로 그림을 그린 흔적을 발견할 수 있죠. 소머리 장식과 그림은 차탈회위크 유적에서 중요한 의미를 갖습니다. 당시 사람들이 식량과 생존뿐만 아니라 다른 문제들에도 관심을 갖고 있었다는 증거이기 때문입니다.

개구부
사다리가 연결되어
사람들이
드나들었고 동시에
통풍구의 역할도
했다.

화로

차탈회위크 주거지 내부 모습

이곳의 집단 거주민들은 사회적인 분화를 이루거나 물리적으로 계획된 형태의 도시를 갖추지는 못했지만, 안정적으로 경작물을 수확했고, 원시적인 종교 및 예술 활동도 했습니다. 이들은 문화 활동에 필요한 도구들을 점점 더 원하게 되었고, 다양한 도구들을 얻기 위해 생산량을 더욱 늘려 갑니다.

차탈회위크 사람들이 기본적인 생존 이외의 문제로 눈을 돌렸다는 다른 흔적도 있습니다. 바로 최초의 도시 조감도 벽화입니다.

이 벽화에는 각 집들의 위치가 현대의 배치도와 유사한 방식으로 표현되어 있습니다. 하늘 위에서 아래를 내려다보는 방식으로 표

차탈회위크 주거지 내부에서 발견된 벽화 주거지의 배치와 동쪽으로 약 120km 정도 떨어져 있는 인근 화산을 묘사한 그림으로, 세계 최초의 정주지 풍경 묘사로 볼 수 있다. 현대의 배치도와 유사하게 높은 곳에서 아래를 내려다보는 방식으로 그려졌다. 이들의 공간에 대한 인식이 이전 선사 시대 사람들과는 다르게 성장하고 있었음을 알 수 있다.

현한 것이지요. 그 시대 사람들이 이런 관점에서 거주지를 묘사했다는 사실이 놀랍습니다. 벽화의 윗부분에는 인근에 있었던 화산을 그려 놓았는데, 이는 당시 문화 활동의 발전 정도를 잘 보여주는 귀한 사례입니다.

결국, 차탈회위크 유적지는 도시의 기원을 설명하는 두 번째 학설의 중요한 사례로 여겨지고 있습니다. 도시 문명이 생존과 직결된 식량 생산뿐 아니라 다른 활동에도 눈을 떴으며, 그에 필요한 다양한 도구들을 얻으려고 교역을 했고, 이를 위해 식량 생산을 더욱 늘렸다는 것을 보여 줍니다.

물론 차탈회위크 거주지는 도시로 보기에는 여전히 미흡한 점들이 있습니다.

산업과 사회적인 분화도 그렇고, 공간적인 형태에서도 인위적으로 계획된 장소의 흔적을 찾아보기 어렵지요. 도시를 사람들의 활동에 따른 공간들의 효율적 배치와 물리적 환경의 구축이라고 할 때, 차탈회위크는 도시 구성 요소들에 대한 종합적 계획이 부족합니다. 그래서 여러 학자들은 차탈회위크를 도시보다는 신석기 집단 주거지에서 도시로 변화하는 중간 과정의 유적으로 보고 있습니다.

흥미로운 점은 이들이 도시로 성장하기에 충분한 인적 자원과 경작 기술을 가지고 있었으면서도 제자리에 머물렀다는 것입니다. 이들만의 독특한 사회 형태는 꽤 오랜 기간 유지되었는데, 그 이유에 대해서는 지금까지도 꾸준히 연구되고 있습니다.

최초의 도시는 어떻게 시작되었을까?

최초의 도시는 약 6000년 전, 메소포타미아 인근에서 발생했던 수메르 문명의 우르라고 여겨지고 있다. 그보다 오래된 인류의 집단 거주지로 터키의 차탈회위크 유적이 있다.

1. 루이스 멈포드의 도시 혁명

도시학자 루이스 멈포드는 도시가 만들어지는 과정을 도시 혁명이라 지칭하고, 도시 혁명이 일어나기 위해서는 토기, 물레, 베틀, 금속 주조술, 활자, 쟁기, 곡물 경작술이 필수적인 요소라고 말한다.

잉여 저장 식량

⬇

농사 외의 일을 전업으로 하는 전문가

⬇

도시 혁명

2. 도시의 기원에 대한 두 가지 설명

기존의 학설	· 농업 기술 발달로 생산성이 높아지고 잉여 생산물이 생김 · 경작에 참여하지 않는 장인, 기타 전문가 집단이 발생 · 농업 공동체가 점차적으로 도시로 이행
새로운 주장	· 도시가 농업의 집약화를 촉진시킴

농업 혁명에 따른 잉여 생산물이 새로운 전문가 집단을 등장시키며 산업이 분화되고 도시가 형성되었다는 전통적인 관점에 반하여, 최근에는 기초적인 산업의 분화가 이루어진 초기 도시에서 더 많은 전문 장인들의 생산물을 구매하기 위해 농업의 집약화가 이루어졌다는 이론이 등장했다.

3. 차탈회위크

• 터키 남부 아나톨리아 고원 지대의 신석기 유적지.
• 인구의 규모로는 도시를 이루기에 충분했으나 물리적으로 계획된 공공 공간의 흔적을 찾기 어려워 도시로 인정하지 않는다.

유랑 장인 집단의 등장 농부들은 농사에 전념

2.
도시에는
무엇이 있어야 할까?

B.C. 4000
메소포타미아 문명 발생

도시가 만들어지기 위해 꼭 필요한 것은 무엇일까요? 그리고 도시는 어떻게 구성되어 운영되고 있을까요?

　이번 장에서는 도시를 구성하는 요소와 도시를 정의하는 속성에 대해 이야기해 보려고 합니다. 도시는 정치와 행정의 중심지이자 일정 규모 이상의 인구가 거주하며, 상업·공업 등 산업이 발달하고 시가지가 정비된, 그래서 거주민들을 위한 문화 위락 시설 등이 잘 갖추어진 지역이라고 정리할 수 있습니다.

이러한 내용들은 도시 거주자들의 활동과 관련된 인문·사회적 요소와 공간을 구성하는 물리적 요소로 구분됩니다.

인문·사회적 요소에는 경제, 생산 활동과 관련된 산업을 비롯해 도시를 관리하기 위한 각종 법과 제도, 그리고 예술·문화·종교 활동 등이 있습니다. 여기에 도시 거주자들의 고유한 문화와 가치관이 뒤엉키고 서로 영향을 끼쳐 그 지역만의 정체성이 만들어집니다.

물리적 요소는 시민들의 쾌적하고 원활한 생활과 효율적인 도시 관리를 위한 공간과 시설물들을 말합니다. 도시에는 당연히 시민들을 위한 다양한 활동 공간이 있어야 하고, 도로와 시가지 등 이동 공간이 만들어져야 합니다. 또한 실내에 머무르기 위한 건축 공간도 있어야 하죠. 그중에서도 도시민들의 공공 활동과 관련된 시설이 필요해집니다.

공공시설이 있다는 것은 도시를 관리하기 위한 제도가 존재하고, 사회적으로 전문적인 분야와 계급이 나뉘었다는 것을 의미합니다. 신석기 시대의 집단 거주지인 차탈회위크를 완전한 도시로 간주하지 않는 이유 중 하나가 바로 공공시설의 부재입니다.

결국, 도시를 구성하는 인문·사회적 요소와 물리적 요소는 모두 도시를 만들고 거주하는 사람들에 의해 결정된다고 할 수 있습니다.

도시의 모든 것은 시민들의 활동과 그 결과입니다. 프랑스의 사상가인 루소는 도시를 이루는 사람들의 중요성을 강조했지요.

"주택들은 도읍을 이룰 수 있지만 시민만이 도시를 만든다."

−루소

종교 생활을 위한 유적지 지구라트 기원전 2000년경에 세워진 대형 축조물. 계단 형태의 피라미드와 유사한 모습으로, 15미터 높이의 기단 위에 신전이 위치해 있다.

영토와 구조물만으로는 도시를 정의할 수 없습니다. 주택 등 건축물은 도시를 이루는 대표적인 물리적 요소지만 그것만으로는 도시를 이룰 수 없고, 그곳에 거주하는 사람들과 그들의 활동이 있어야 비로소 하나의 도시라 할 수 있습니다.

즉, 도시가 이루어지기 위해서는 사람들의 활동에 따른 인문·사회적 요소와 그 활동을 가능하게 하는 물리적 요소가 모두 적절하게 갖춰져야 합니다. 이러한 요소들을 우르와 차탈회위크로 비교해 보면, 차탈회위크에는 물리적 요소가 부족했고 우르는 두 가지 요소를 두루 갖추고 있었음을 알 수 있습니다.

메소포타미아 문명과 도시의 구성 요소

앞서 말했듯이 인문·사회적 요소로는 다양한 산업과 고유의 제도, 문화 등을 꼽을 수 있습니다. 메소포타미아 사람들은 자신들의 생활 양식을 진흙 점토판에 기록해 남겼습니다.

이들이 남긴 점토판에는 농경법, 재산 관리, 법률, 교육 등을 비롯해 요리법처럼 실생활과 관련된 내용들까지 폭넓게 담겨 있습니다. 이러한 기록을 통해 메소포타미아 사람들이 풍요로운 식생활을 했고, 후대에 대한 엄격한 교육 제도를 유지하고 있었다는 사실을 알 수 있지요.

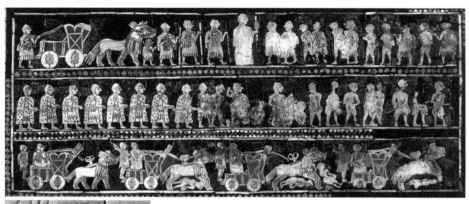

(위)조개 껍질, 돌, 청금석으로 제작된 모자이크 직업 군인들의 모습. 사회 계층 분화가 이루어져 있었음을 보여 준다.
(아래)설형 문자가 새겨진 점토판 당시 도시민들은 문자를 사용해 효율적이고 체계적으로 의사소통했다.

이들은 도시를 구성하는 물리적인 요소들도 잘 갖추고 있었습니다.

비록 완전하지는 않지만 위계에 따라 도로를 계획했습니다. 도시의 중심인 신전을 향해 조성된 대로의 흔적이 남아 있지요. 도로뿐만 아니라 주택과 신전 등 다양한 건축 공간이 만들어져 있는데, 특히 지구라트(Ziggurat)는 종교 생활을 위한 고대 도시의 대표적인 공공시설물이라 할 수 있습니다. 이런 거대한 건축물은 도시민들에게 집단 소속감을 부여하기도 했지요.

지구라트와 도로의 모습이 보이는
1927년 우르 항공 사진

우르에서는 이렇게 도시의 물리적 구성 요소들도 고루 나타나기 때문에 인류 최초의 도시 중 하나로 인정받고 있습니다.

앞에서 설명한 차탈회위크에는 2천 세대가 거주했습니다. 인구수만 놓고 보면 도시적인 규모를 자랑했지요. 거주민들이 원시적으로나마 예술 활동을 시작했고, 신앙 활동과 관련된 유적들도 발견되었죠. 이를 모두 도시의 인문·사회적 요소로 볼 수 있습니다.

하지만 도로와 같은 이동 공간이 제대로 갖추어져 있지 않았습니다. 도시를 구성하는 대표적 요소 중 하나인 시가지도 그 존재가 아직 드러나지 않았고요.

그리고 차탈회위크에는 집단 생활을 위한 공공시설도 없었습니다. 주거지의 구조로 미루어 봤을 때 그들의 종교 활동은 집 내부에 있는 제단에서 가정 단위로 이루어졌을 것입니다. 지구라트 같은 공공장소가 따로 없었지요. 이런 여러 이유로 차탈회위크는 완전한 도시라 할 수 없습니다.

정리하자면 하나의 도시가 이루어지기 위해서는 인문·사회적인 요소와 물리적인 요소가 골고루 갖춰져야 합니다. 다시 말해, 그중 어느 하나라도 부족하다면 도시라고 부를 수 없다는 뜻이지요.

현대 도시의 물리적 구성 요소

그렇다면 현대에는 도시를 이루는 물리적 요소들을 구체적으로 어떻게 정의하고 있을까요?

우리나라는 도시를 관리하기 위한 법제도로 「국토의 계획 및 이

용에 관한 법률」을 두고 있는데, 이 법률에서는 도시가 원활히 작
동하기 위한 물리적 시설들을 도시의 기반 시설이라 정의하고 7
가지로 구분합니다.

기반시설(「국토의 계획 및 이용에 관한 법률」에서 발췌)

가. 도로·철도·항만·공항·주차장 등 교통시설

나. 광장·공원·녹지 등 공간시설

다. 유통업무설비, 수도·전기·가스공급설비, 방송·통신시
설, 공동구 등 유통·공급시설

라. 학교·공공청사·문화시설 및 공공필요성이 인정되는 체
육시설 등 공공·문화체육시설

마. 하천·유수지(遊水池)·방화설비 등 방재시설

바. 장사시설 등 보건위생시설

사. 하수도, 폐기물처리 및 재활용시설, 빗물저장 및 이용시
설 등 환경기초시설

이 중 특이한 것은 공간 시설입니다. 물리적 기반 시설이라 하면
일반적으로는 인위적으로 설계해 만든 건축물과 구조물을 떠올
리는데, 광장과 공원, 녹지, 유원지 등 공터나 자연 공간도 기반
시설에 포함되어 있습니다.

우리나라뿐만 아니라 다른 여러 나라들도 광장과 공원 같은 공간 시설을 도시 기반 시설에 포함시키고 있는데, 그 이유는 산업 혁명 이후에 나타나는 도시화의 폐해와 환경 문제를 해결하기 위해서입니다.

도시에는 무엇이 있어야 할까?

도시란 일정 규모 이상의 인구가 거주하며 산업이 발달하고 시가지가 잘 정비되어 거주민들을 위한 문화 위락 시설이 잘 갖추어진 정치 행정 중심지라고 정의할 수 있다. 이런 요소들은 인문·사회적 요소와 물리적 요소로 나누어진다.

1. 도시를 구성하는 요소들

인문 · 사회적 요소(사람)	물리적 요소(영토)
· 다양한 산업 · 제도 · 고유의 문화(예술, 문화, 종교 등)	· 활동 공간 · 이동 공간 · 건축 공간 · 공공시설(관공서, 종교 시설 등)

2. 도시의 조건
- **차탈회위크** 인문·사회적 요소는 갖췄으나 공공시설 등의 물리적 요소를 갖추지 못해 완전한 도시로 인정받지 못한다.
- **우르** 인문·사회적 요소와 물리적 요소를 두루 갖춰 하나의 도시로 인정받는다.

3. 메소포타미아 문명의 유물과 유적
- **점토판의 설형 문자** 메소포타미아인들은 그들의 다양한 생활상을 점토판에 기록했다. 이를 통해 당시 사람들의 풍요로운 식생활과 엄격한 교육 제도를 알 수 있다.
- **지구라트** 공공의 신앙을 위한 거대한 축조물. 대규모 공공 건축물은 도시민들에게 집단 소속감을 부여하기도 했다.

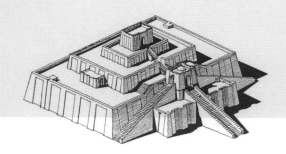

3.

고대 그리스가
도시국가였던 이유는 뭘까?

B.C. 1100
고대 그리스 탄생

하나의 도시가 국가가 될 수 있을까요? 만약 그렇다면, 어떤 모습일까요? 이 질문은 영토의 규모와 정치적 자치에 대해 묻고 있지요. 지금도 바티칸 시국(Vatican City)이나 모나코(Monaco)처럼 한 도시로 이루어진 나라들이 있습니다.

역사적으로는 고대 그리스에서 여러 도시가 각각 국가의 형태로 존재하며 크게 번성했습니다.

고대 그리스는 유럽 인류 문화와 도시 문화의 발상지로 여겨지고 있습니다. 그리스 문명을 서구 인본주의의 원류로 볼 수 있는데, 개인을 중시하는 인본주의가 탄생하고 발전한 것도 이들이 소규모 도시국가들로 이루어져 있던 것과 연관이 있습니다.

    고대 그리스의 도시국가 중 가장 번성했던 아테네(Athens)가 그리스 본토에서 문명을 이끌었고, 펠로폰네소스 반도에는 아테네와 경쟁 관계이자 상반된 문화를 발전시켰던 스파르타(Sparta)가 있었습니다. 그리고 그 남쪽으로는 바다 건너에 크레타(Creta) 섬이 있었죠.

지중해 문명의 이동

크레타 섬은 그리스 본토보다 먼저 문화를 꽃피웠던 미노스 문명의 발상지입니다. 이곳에는 그리스 신화 속 영웅 테세우스와 반인반수 미노타우로스 이야기의 배경이 되었던 크노소스 궁전(Palace of Knossos)과 그 유적이 남아 있습니다.

그리스 신화 속에는 아테네 사람들이 크레타 섬의 미노스 왕에게 공물을 바치는 이야기가 있는데, 이는 당시 그리스 본토보다 우위에 있었던 크레타 문명과 주변 국가들의 세력 관계에 대한 은유적인 묘사로도 볼 수 있겠습니다.

미노타우로스 신화를 좀 더 자세히 살펴볼까요?

크레타 섬에서 포세이돈의 분노를 사 태어난 미노타우로스는 몸

**미노타우로스 신화의 배경이 된
크노소스 궁전(위)과 미로(아래)**

미로 속의 테세우스와 미노타우로스 테세우스는 실타래를
풀며 미로 속으로 들어가 칼로 미노타우로스를 죽이고, 다시
실타래를 감으며 돌아가 미로에서 빠져나올 수 있었다.

은 사람, 얼굴은 소의 형상을 한 반인반수로 사람들을 해치고 난
폭하게 굴어 나라의 골칫거리였습니다. 국력이 약했던 아테네는
때마다 크레타에 사람들을 바쳐야 했지요. 이들은 미노타우로스
가 갇혀 있는 미로로 끌려가 제물이 되었습니다.

　　이를 지켜볼 수만은 없었던 아테네의 왕자 테세우스는 스스
로 제물이 되어 크레타로 떠납니다. 크레타에 도착한 그는 공주
아리아드네와 사랑에 빠지게 되지요. 아리아드네는 연인을 돕기
위해 칼과 실타래를 주었고, 결국 테세우스는 미노타우로스를 처
단한 뒤 미로 궁전에서 무사히 탈출합니다. 두 사람은 함께 크레

타를 떠나 아테네로 향했으나, 잠시 쉬려고 머물렀던 낙소스 섬에서 테세우스는 신의 계시를 받고 아리아드네를 남겨 놓은 채 혼자 아테네로 돌아갑니다.

이 신화를 통해 문명의 주도권이 크레타 섬에서 그리스 본토로 이동하는 상황을 에둘러 그리고 있는 건 아닐까요? 덧붙이자면, 이 지역의 바다를 에게 해라고 부르는 것도 신화 속 이야기와 관련이 있습니다.

아테네의 왕 에이게우스는 아들인 테세우스가 크레타로 떠나기 전에, 미노타우로스를 해치우고 무사히 귀국하게 된다면 배에 흰 돛을 달고 오라고 당부했지요. 하지만 낙소스 섬에 아리아드네를 놔두고 귀국하던 테세우스는 시름에 잠겨 이를 잊고 돛을 펴지 않은 채 돌아옵니다. 멀리서 다가오는 배를 바라보던 에이게우스는 아들이 죽었다고 생각하고 그대로 바다에 몸을 던지고 맙니다. 그때 에이게우스가 뛰어든 바다를 그의 이름을 따 에게 해라고 부르는 것이지요.

한 가지 이야기만 더 살펴봅시다. 신화에는 크노소스 궁전을 건축한 다이달로스라는 인물이 나옵니다. 그는 미노스 왕의 명령에 따라 미노타우로스가 도망치지 못하도록 복잡한 미로를 만들지요. 그러나 미노스 왕은 이 미로의 비밀과 빠져나가는 방법이 세상에 알려지지 않게 하기 위해 다이달로스와 그의 아들이카로스도 함께 가두어 버립니다.

천재적인 건축가이자 장인이었던 다이달로스는 미로 안에서 깃털과 밀랍으로 날개를 만들어 이카로스와 함께 빠져나옵니다. 탈출하기 전에 그는 아들에게 단단히 주의를 줬지만, 이카로스는 바깥으로 나오자 태양에 너무 가까이 다가갔고 결국 날개가 녹아 떨어져 죽게 되지요.

이렇게 크레타 섬을 배경으로 한 신화가 여럿 전해지고 있는데요. 과거에 실제로 있었던 일이라고 믿어지시나요, 아니면 그저 허황된 옛이야기 같으신가요? 영국의 고고학자 아서 에반스(1851~1941)는 이런 이야기가 단순히 허구가 아니라 역사적 사건들을 배경으로 하고 있다고 굳게 믿었습니다. 그리고 결국 크레타 유적을 발굴해 다시금 세상 밖으로 빛을 보게 합니다.

자유로운 시민 문화

그리스 도시 문명의 가장 큰 특징으로 개개인의 고유성을 존중하는 자유로운 시민 문화를 꼽을 수 있습니다.

시민 의식이 발전하고 도시 형태의 국가가 만들어지게 된 배경으로 그리스의 지형적 특성을 들 수 있습니다. 그리스는 산악 국가라고 할 만큼 산지가 국토의 많은 부분을 차지하고 구릉지와 분지가 오밀조밀 펼쳐져 있습니다. 작물을 재배하기에 적합한 평야는 산간 분지와 강의 하류로 한정되어 있고, 이런 지리적 조건으로 인해 고대 그리스 도시들은 구릉지

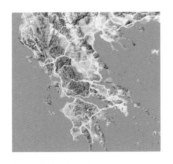

그리스의 산악 지대 ©Google Maps

사이에 흩어져 있는 작은 평야 지대를 중심으로 발전했습니다. 이들은 해상으로 진출해 바닷길을 통한 경제 활동에 집중했지요.

그리스에서는 하천 유역의 넓은 평야 지대에서 발전했던 고대 문명 국가들처럼 거대한 왕국이 성립하기 쉽지 않았습니다. 넓은 영토로 통합된 하나의 국가가 만들어지는 데에 험준한 산들이 장애물이 될 수밖에요.

그래서 고대 그리스에서는 산간 분지와 하천 유역을 따라 형성된 작은 도시들이 각각 국가로서 자치권을 갖고 있었습니다. 이들은 전쟁과 같은 유사시에는 연합체를 이루어 공동의 적에 대항했는데, 이런 과정에서 도시국가인 폴리스들 간 동맹에 의한 사회 체제가 등장합니다.

적은 수의 구성원들로 이루어진 집단에서는 개개인의 중요성이

강조되기 마련입니다.

폴리스의 시민들은 자신과 가족의 생계를 위한 기본적인 직업 활동 이외에 국가를 위한 공적인 역할들도 수행했습니다. 적은 인구와 작은 영토로 이루어진 촌락을 생각하면 더 이해하기 쉽겠습니다. 거주민이 많지 않은 시골에서는 생산 활동이나 재해 복구와 같이 큰 노동력이 필요한 일이 생기면 주민들이 모두 함께 모여 작업하는 경우를 종종 볼 수 있지요.

또한, 작은 촌락에서는 개개인의 역할을 위해 결속력을 다지는 것이 중요합니다. 주민 모두가 참여하는 운동회와 축제 등은 유대감과 공동체 의식을 키워 주는 중요한 행사이지요.

이렇게 작은 규모의 촌락이 가지는 특징이 고대 그리스 도시국가에서도 비슷하게 나타났습니다.

자립적인 생활 공동체였던 고대 그리스 도시국가에서는 개인을 존중하는 문화가 자리잡았고 공동체로의 참여를 극대화하기 위해 인간성을 존중하는 전인 교육이 나타납니다.

"그리스 문명은 만물의 척도로써 인간을 중심으로 한 최초의 문명이다."
—프로타고라스

또한, 개개인의 역할이 중요했기 때문에 시민들의 활동을 독려하고 유지하기 위한 문화 활동 공간으로 각 도시마다 신전, 아고라, 극장 등의 공공시설물이 세워집니다.

동양의 고대 국가에서 절대 권력을 가진 왕이 백성들을 억압했던 것과는 정반대로, 고대 그리스에서는 개개인이 중요한 주체가 되었습니다. 그리스의 역사는 개인에 대한 새로운 개념에서부터 시작되었다고도 이야기할 수 있지요.

당시 동서양의 상반된 문화 차이를 잘 보여 주는 역사적 사건으로 페르시아 제국과 그리스 도시국가 연맹 사이의 전쟁을 들 수 있습니다.

기원전 6세기에 소아시아와 아라비아 지역을 통합하고 드넓은 영토를 차지한 페르시아 제국은 기원전 5세기 후반에는 그리스까지 침략합니다. 아테네를 중심으로 한 그리스 도시국가 연합은 산악 지형을 효과적으로 활용해 승리를 거두는데, 당시 스파르타의 활약이 전설처럼 전해지고 있지요.

스파르타의 왕 레오니다스(생년 미상~B.C. 480)는 그리스의 내륙으로 연결되는 통로인 테르모필레 협곡에서 적은 수의 군사로 크세르크세스(B.C. 519~B.C. 465)의 페르시아 대군을 막아내 그리스 연합군의 승리에 결정적인 역할을 합니다. 이때 페르시아 제국과 그리스 도시국가의 충돌은 종종 전제주의 사회와 민주주의 사회의 충돌로도 여겨집니다.

민주주의를 뜻하는 영어 단어 '데모크라시(Democracy)'는 일반 시민, 평범한 사람을 가리키는 그리스어 '데모스(Demos)'에서 유래했습니다.

민주주의는 국민이 권력을 가지고 그 권력을 스스로 행사하는 제도와 이를 지향하는 정치 사상을 의미하죠. 하지만 그리스 도시국가에서 민주주의를 누렸던 것은 보통의 그리스 사람들, 그중에서도 공공의 의무와 역할을 수행했던 남자들뿐이었습니다. 우리가 지금 알고 있는 민주주의와는 상당한 차이를 보이지요. 고대 그리스에서 민주적인 권리를 누리기 위해서는 사회에서 정해 놓은 자격 요건을 갖추고 있어야 했습니다.

　이런 관점에서, 개개인에 대한 전인 교육이 중요시되었던 것도 결국은 민주주의에 부합하는 시민을 키우기 위해서였다고 볼 수 있습니다.

시민들을 위한 도시 시설

이처럼 시민 개개인의 역할이 중요했던 그리스 도시국가에서는 공공 생활과 개인 생활의 균형도 매우 중요했습니다.

도시민들은 모두 생계를 위해 직업 활동을 하면서도 병역의 의무를 다하고 의회와 법정에도 참여하는 등 공적인 역할을 함께 수행했습니다. 종종 시민들을 위한 문화와 체육 행사도 열렸습니다. 개개인의 사회 참여를 독려하고 결속력을 다지기 위해 연극과 올림픽 등 문화와 체육 활동이 발달한 것입니다.

당시에는 연극이 문화 활동의 대부분을 차지하며 공동체에 대한 교육과 사회 풍자의 역할도 함께 했습니다. 매월 1회 이상의 연극이 열려 해마다 12편의 새로운 희곡이 필요했다고 합니다. 100명이 넘는 합창단과 무용수들이 공연을 했는데, 이러한 규모의 연극을 매달 올리기 위해 시민들이 돌아가며 관객과 공연자의 역할을 모두 했습니다.

현대 도시 생활의 문제점들은 모두 산업화 과정을 거치며 생겼습니다. 기계화와 전문화가 진행되며 발생하는 인간 소외, 1인 또는 소규모 독재 집단에 의한 지배와 통제, 개인이 한 가지 일만 반복적으로 수행하며 생기는 직업적 편협성, 형식적이고 비효율적인 관료화 등이 말이죠. 고대 그리스 도시민들이 이로부터 자유로울 수 있었던 이유는 직업 이외에도 연극 배우나 도시를 대표하는 운동 선수, 군인, 의회 의원 등 다양한 역할을 수행했기 때문입니다.

그리스 내륙의 산악 환경은 자원을 생산하기에는 적합하지 않았습니다. 따라서 사람들은 사치를 부리기보다 최소한의 자원으로 생활을 영위했습니다. 당시 주택들은 진흙 벽돌을 쌓고 기와 또는 잔가지나 억새로 지붕을 덮어서 지었습니다. 부유층과 가난한 이들이 가까이 살았고, 집의 규모를 제외하고는 서로 큰 차이도 없었지요.

이러한 점들을 종합해 봤을 때, 당시 사람들은 산지에 의해 분리된 척박한 환경 속에서 부의 축적을 좇기보다 검소하고 수수한 삶을 미덕으로 삼았음을 알 수 있습니다. 그리스 도시국가는 전성기에도 다른 대제국과는 달리 생산물과 잉여 물자가 넘쳐나지는 않았지만, 그 대신 여유 시간이 많았다고 합니다.

건물들을 보아도 도시와 촌락이 서로 명확히 구분되는 상반된 모습이 아니었습니다. 어느 곳이나 사회를 유지하기 위한 핵심 시설인 신전과 시청, 시장이 만들어졌고, 이

> "그리스 도시의 독특함은 기념비적인 건축물보다는 인간의 개성을 존중하면서 도시의 협동적이고 공동적인 요소를 충분히 활용하는 데 있었다."
> – 루이스 멈포드

런 장소들은 고대 그리스의 대표적인 유적으로 남아 지금까지 전해지고 있습니다.

오데옹

파르테논 신전

아테네의 아크로폴리스(Acropolis) 156미터의 높은 바위산 언덕에 위치해 자연 지형과 인공 구조물의 조화가 뛰어난 유적지로 꼽힌다. 중심에 파르테논 신전(Parthenon)이 자리잡고 있으며, 산의 경사면을 따라 오데옹(Odeon)이 위치해 있다.

디오니소스 극장(Theater of Dionysos) 아크로폴리스의 남쪽 사면에 위치한다. 그리스 원형 극장의 시초로, 1만 7천여 명의 관객을 수용할 수 있었다.

고대 그리스가 도시국가였던 이유는 뭘까?

고대 그리스는 유럽 인류 문화와 도시 문화의 발상지였다. 고대 그리스에서 개인성을 중시하는 시민 문화가 발달했던 이유는 소규모 형태의 도시국가들로 이루어져 있었기 때문이다.

**1 지중해
문명의 이동**

크레타 섬 아테네(그리스 본토)

- 테세우스와 미노타우로스 신화, 다이달로스 신화 등이 그리스 문명의 이동을 상징하고 있다.
- 영국의 고고학자 아서 에반스는 그리스 신화가 단순히 허구가 아니라 역사적 사건을 바탕으로 했을 것이라 믿어 결국 크레타 유적을 발굴한다.

**2 자유로운
시민 문화**

- 작은 평야를 중심으로 여러 도시국가 발생
- 적은 인구로 이루어진 도시국가에서는 개개인의 역할이 중요했고, 공동체로의 참여를 극대화하는 전인 교육이 발전했다.
- **프로타고라스** "그리스 문명은 만물의 척도로써 인간을 중심으로 한 최초의 문명이다."

**3 시민들을
위한 도시 시설**

- 매월 1회 이상의 연극이 열려 1년에 12편의 새로운 희곡이 필요했고, 매 공연에 100명이 넘는 합창단과 무용수가 무대에 올랐다. 시민들이 돌아가며 공연인과 관객의 역할을 하며 적극적으로 참여했다.

개인의 사회 참여 독려

⬇

도시민을 위한
문화와 체육 행사

- **아테네 아크로폴리스** 바위산 위에 자리잡은 천연의 방어적인 성채. 높은 지형에서 주변을 관찰하기에 유리하다. 오데옹과 파르테논 신전 등 사람들의 종교 및 문화 생활을 위한 시설물을 갖추고 있다.

4.
로마인들은 왜 거대한 건축물과
사랑에 빠졌을까?

B.C. 27
로마 제국 탄생

고대 로마(Rome)는 고대 그리스와 함께 서구 문명에 많은 영향을 미치면서도 서로 상반된 특징을 갖고 있었습니다.

고대 그리스가 작은 규모의 도시국가들로 이루어져 있었다면, 고대 로마는 지중해라는 거대한 바다를 호수로 만들 정도의 거대한 제국을 건설했지요. 규모에 걸맞은 웅장한 건축물과 구조물들도 많이 만들어져 그 유적들이 지금도 세계 도처에 남아 있습니다.

북아프리카 알제리의 도시 팀가드(Timgad)에는 개선문을 비롯한 고대 로마의 유적이, 영국에는 로마인들이 스코틀랜드의 침입에 대비해 쌓은 하드리아누스 방벽(Hadrian's Wall)이 남아 있지요.

고대 로마에 대해 이런 말이 있습니다. '로마의 위대함은 대제국을

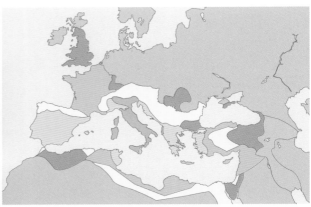

●B.C.218 ○B.C.133 ●B.C.44 ○A.D.14 ●A.D.14~115 ○A.D.115~117

로마 제국의 영토 확장

(위)알제리 팀가드의 개선문
(아래)영국 북부의 하드리아누스 방벽

이룩하였다는 것이 아니라, 대제국을 관리하는 것에 있었다.'

영토를 확장하는 것보다 넓은 제국을 오랫동안 잘 관리하는 것이
더 어렵다는 이야기입니다. 로마 제국의 전성기에는 늘어나는 인
구와 넓은 영토를 관리하는 것이 매우 중요한 문제였고, 이를 위
해 거대한 건축물과 구조물들이 필요했습니다.

대제국을 건설하기 위한 도로

로마가 대제국을 건설하고 관리하기 위해 가장 먼저 만들었던 것은 바로 도로입니다. 세계 곳곳에 군대를 보내 주둔지를 만들고 요새를 건설하기 위해서는 길이 꼭 필요했지요.

로마 시대에 만들어진 대표적인 도로로 아피아 가도(Via Appia)가 있습니다. 길이 563킬로미터, 너비 8미터의 도로로 기원전 312년에 건설이 시작됩니다. 건설을 주도했던 감찰관 아피우스 클라우디우스 카이쿠스(B.C. 340~B.C. 273)의 이름에서 따 아피아 가도라 불리게 됩니다. 처음에는 로마에서 카푸아(Capua)까지 연결했고, 기원전 240년경에는 브룬디시움(현재의 브린디시, Brindisi)까지 연장되지요.

　　로마의 도로는 크기가 다른 돌들을 여러 겹으로 포장하는 방식으로 만들어졌는데, 워낙 견고해서 구간의 일부는 오늘날에도 이용되고 있습니다.

　　아피아 가도는 로마와 이탈리아 남부를 연결하는 데 그치지 않고 바다 건너 그리스와 이집트까지 잇는 교역로가 됩니다. 식민지를 포함한 전 영토에 걸쳐 군대의 이동을 수월하게 해 대제국 건설에 크게 공헌하지요.

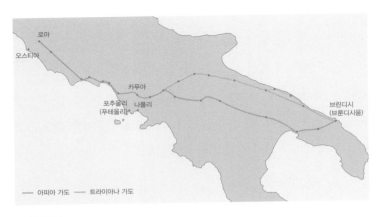

로마의 도로

아피아 가도가 이탈리아 남쪽 끝에서 바다와 만나는 지점에 브린
디시가 위치해 있습니다.

브린디시는 아드리아 해에 인접해 바다 건너 그리스, 중동과의
교역을 위한 항구 도시로 번영하며 문화 교류의 중심지 역할을
합니다. 중세 시대에는 성지 순례와 십자군 원정의 출발지가 되
기도 하지요. 아피아 가도가 끝나는 곳에는 바다로 열린 넓은 계
단식 광장에 길의 끝을 알리는 기둥이 세워져 있습니다.
　　로마 제국은 이렇게 영토 확장을 위해 도로를 건설했는데,
군대의 이동을 위한 길이라 물품을 실은 마차가 지나가기에는 폭
이 좁았습니다. 상업을 위한 길로는 적합하지 않았죠. 넓은 도로

를 만들지 않은 것은 로마인들의 기술이 부족해서가 아니라, 교통 수단이 충분히 발전하지 못해서였습니다.

당시 사람들은 물건을 운송하기 위해 두 마리의 소가 끄는 우마차를 주로 이용했는데, 먼 거리를 이동하기 위해서는 소에게 먹일 곡물을 비롯해 소를 모는 사람의 식량과 숙소까지 필요했습니다. 이동 거리가 멀수록 소와 사람에게 필요한 식량도 늘어났고, 그러다 보면 운송하는 자원보다 운송 과정에 소비되는 자원의 양이 오히려 더 많아지기도 했지요. 한마디로 비효율적이었습니다.

게다가 우마차의 속도는 시속 3킬로미터 정도였다고 합니다. 오늘날 성인이 평균적으로 시속 4킬로미터로 걷지요. 우마차를 이용한 이동 속도가 사람이 걷는 속도보다 조금 느린 정도였다고 상상해 보세요. 굳이 이용할 필요가 없었을 겁니다. 이러한

(왼쪽)아피아 가도 큰 돌을 가지런히 놓은 다음 중간 크기의 돌과 자갈, 일정한 크기의 사암을 깔고, 그 위에 화산재를 덮어 굳힌다. 도로의 표면은 납작하게 가공된 판석으로 마감한다.
(오른쪽)브린디시의 로마 기둥

이유로 로마 시대에는 대량의 자원을 멀리까지 수송하기 위해 육로보다는 해로를 이용했습니다.

로마 제국 시대에는 인구 관리가 더욱 어렵고 중요해집니다. 황제와 귀족들에게는 시민들의 식량과 주거 문제를 해결하는 것이 가장 큰 과제가 되지요.

기원전 2세기 중엽에 로마의 인구는 약 50만 명이었습니다. 규모가 크지 않은 그리스의 도시국가 아테네에서는 민간 상인들의 활동만으로도 식량을 충분히 조달할 수 있었습니다. 그러나 로마에서는 같은 방식으로 식량을 공급하기가 어려웠고, 결국 국가 기관이었던 원로원이 개입했지요.

기원전 123년, 호민관이었던 가이우스 그라쿠스(B.C. 154~B.C. 121)는 모든 시민들이 일정량의 곡물을 시세보다 낮은 고정 가격에 구입할 수 있는 법률을 도입하고, 저렴한 값에 곡물을 공급하는 이들에게는 시세 차이에 따라 보조금을 지원하는 정책을 시행합니다.

더 나아가, 기원전 58년에는 호민관 클로디우스(B.C. 93~B.C. 52)가 매월 무상으로 곡물을 배급하는 정책을 폅니다. 상인들의 투기와 폭리를 막기 위해서였는데, 이로 인해 무료로 식량을 배급받고자 하는 사람들이 로마로 몰려들며 인구가 더욱 급증합니다.

　　로마는 육상 교통의 한계로 인해 티베르 강(현재의 테베레 강)을 수로로 이용합니다. 테베레 강의 하구에서 로마까지는 약 30킬로미터 정도 떨어져 있지요. 하구로 들어온 자원은 물길을 따라 로마로 운송되었습니다. 곡물 수요가 증가하자 이를 운송하기 위한 하천은 중요한 교통 수단이 되었고, 강 주변의 토지는 국가 소유가 되어 그 자리에 선창, 창고 등이 만들어집니다. 이런 과정을 거쳐 테베레 강 하구와 그 인근 지역은 자원 운송의 거점으로 발전합니다.

바다와 하천이 만나는 도시, 오스티아

테베레 강의 하구 해안가에 위치한 오스티아(Ostia)는 지리적 입지를 바탕으로 크게 번성했던 항구 도시입니다. 이 도시의 이름은 하구를 의미하는 라틴어 오스티움(Ostium)에서 유래했지요.

하지만 오스티아도 처음부터 발달한 도시는 아니었습니다. 테베레 강의 하구는 큰 배들이 정박하기에는 좁은 해안이었기 때문에 이집트의 알렉산드리아에서 곡물을 싣고 온 배들은 근처 바닷가에 정박해 다시 작은 배로 항구까지 수송하거나, 나폴리 만의 푸테올리(현재의 포추올리, Pozzuoli)를 이용했습니다.

오스티아가 번성하기 시작한 것은 서기 41년 클라우디우스 황제(B.C. 10~A.D. 54) 때였습니다. 사실 오스티아에 항구를 만들고 테베레 강을 이용해 물자 운송을 원활하게 하겠다는 계획은 먼저 율리우스 카이사르(B.C. 100~B.C. 44)에 의해 세워졌습니다. 하지만 그가 암살을 당해 이루어지지 못하고, 백여 년이 지난 후에야 비로소 실현된 것이지요.

오스티아의 현재 모습 오스티아 근해는 최근 강의 퇴적 작용으로 육지 인근 해저면이 높아져 항만의 기능을 상실하고 있다. 이곳은 옛날부터 수심이 깊지 않아 큰 배가 정박하기는 어려웠지만 하천을 이용해 내륙으로 물자를 운송하기 적합해 과거 두 차례에 걸쳐 항구가 건설된 바 있다. ©Google Earth

오스티아의 옛 항구 과거 오스티아에는 두 가지 형태의 항구가 있었다. 클라우디우스 황제는 41년에 곡선의 방파제로 둘러싸인 넓은 항구를 만들었다. 그러나 거대한 선박을 수용하기 위해 지나치게 넓게 만들어 물살이 너무 강했고, 배들이 정박하기 불편했다.(바다쪽 항구) 이후, 트라야누스 황제는 이런 문제를 해결하기 위해 정육각형 모양의 항구를 추가로 건설했다. 이는 훨씬 실용적으로 이용되었다.(육지쪽 항구)

오스티아에는 옛 모습이 아직까지 남아 있습니다.

블록마다 벽돌로 지은 주택들이 조밀하게 모여 있었고, 건물들은 다층 형태로 이루어져 있었는데, 이러한 모습을 통해 볼 때 오스티아에 많은 사람이 거주했던 것으로 추정됩니다.

오스티아뿐만 아니라 인구가 늘어난 다른 대도시에도 사람들을 수용하기 위한 다층 주택들이 들어섭니다. 평균적으로 5층 정도 규모였던 이 주택들은 현대의 아파트 같은 집합 주택의 시초로도 볼 수 있습니다. 도로에 면한 1층에는 상점들이 들어섰고, 그 위층은 상인들의 주거지였습니다. 위로 올라갈수록 방이 점점 작아져 최상층에는 경제적 여유가 없는 노동자들이 거주했죠. 이처럼 로마 시대에는 높아진 인구 밀도에 따른 주거 형태로 다층 집합 주택 인술라(Insula)가 등장합니다.

반대로, 부유층을 위한 단독 주택도 있었습니다. 도무스

2세기 오스티아의 다층 주택 인술라

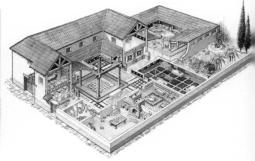

전형적인 도무스의 구조

(Domus)는 부유한 상인과 귀족들을 위한 주택으로, 천장 없이 뚫려 있는 중앙 홀 아트리움을 중심으로 그 둘레를 회랑과 방이 감싸며 만들어진 구조였습니다.

인술라의 도시민들이 집합 주택의 방 한 칸에서 살았다면, 도무스의 거주자들은 한 가족이 여러 개의 방을 소유하며 쾌적한 삶을 누렸습니다.

도시민을 위한 거대한 공공시설

로마 시대에는 상하수도 시설도 만들어졌습니다. 그러나 주택 내부로는 연결되지 않아 대다수의 사람들은 공중 화장실을 이용해야 했지요. 이러한 환경에서 위생 문제가 빈번하게 발생하자, 대도시에는 시민들을 위한 대중 목욕탕이 만들어집니다.

가장 크고 유명한 대중 목욕탕은 카라칼라 황제(188~217) 때 지어졌습니다. 한 번에 1,600여 명을 수용할 수 있는 규모였지요.

카라칼라 욕장(Terme di Caracalla)은 서기 216년경에 축조된 공중 목욕탕으로, 주 건물의 너비는 220미터, 길이는 114미터였습니다. 열탕인 '칼다리움(Caldarium)', 온탕인 '테피다리움

(Tepidarium)', 냉탕인 '프리기다리움(Frigidarium)', 그리고 야외 수영장인 '나타티오(Natatio)'가 있었고, 운동을 즐기고 싶은 이들을 위해 경기장과 체육관, 심지어 도서관까지 갖추고 있었습니다.

로마 시대의 공중 목욕탕은 단순한 위생 시설이 아닌, 도시민들의 여가를 위한 복합 문화 공간이었습니다. 쾌적한 환경에서 다양한 활동을 즐길 수 있게 해 주는 중요한 공공시설이었지요.

내부는 대리석으로 되어 있었고, 휘황찬란한 조각과 여러 장식 요소들로 꾸며져 있었습니다. 지붕은 천장 중앙에서 위로 높아지는 거대한 볼트 형태로 되어 있었지요.

볼트 지붕은 한정된 면적에서 최대한의 공간감을 만들어 안에 있는 사람들에게 수직적인 상승감을 느끼게 합니다. 내부의 기둥을 최소화해 실내 공간을 훨씬 더 넓게 활용할 수 있는 방식이지요.

카라칼라 욕장

도시의 인구가 증가하면서 중요한 공공 건물들도 사람을 최대한 수용하고 공간감을 주는 방식으로 발전했습니다. 카라칼라 욕장과 견줄 만한 건축물은 오직 판테온(Pantheon) 신전뿐이라는 말도 있었지요.

로마 사람들은 이렇게 기원전 2세기경부터 이미 공중 목욕탕을 이용했고, 기원전 33년에 이르러 정치인 아그리파(B.C. 62~B.C. 12)는 제도화된 형태의 무료 공중 목욕탕을 도입합니다. 몸을 씻는 습관은 도시 내의 오염을 감소시켰고, 거대한 공중 목욕탕의 위용은 도시민들에게 심리적 안정감과 만족감을 줬습니다.

도시마다 이렇게 대규모 공중 목욕탕을 만들기 위해 필요한 것이 있었겠지요. 바로 깨끗한 물입니다.

목욕탕과 함께 도시 내부로 물을 공급하기 위한 시설도 만들어졌습니다. 로마에서 물의 공급은 도로의 건설만큼이나 중요했습니다. 서기 109년에는 식수를 공급하기 위해 트라야누스 수도교(Aqua Traiana)가 건설되지요. 수도교는 외관만 보면 다리처럼 생겼지만 실제로는 물을 이동시키기 위한 거대한 시설이었습니다.

로마 제국이 진출했던 유럽 곳곳에서 그들이 건설했던 수도교의 흔적을 볼 수 있습니다. 프랑스 남부의 님(Nîmes)에는 로마 시대의 가르 다리(Pont du Gard)가 남아 있습니다. 아치 구조를 활용해 만든 거대한 다리로, 당시에 이미 도시에 물을 공급하기 위한 계획적인 급수 체계를 갖추고 있었다는 것을 보여 줍니다.

높이가 49미터에 달하는 이 다리는 1세기 중반에 만들어진 것으로 추정되는데, 3단으로 이루어져 있고 아래쪽 첫 번째 단으로는 사람들도 이동할 수 있습니다. 2톤 무게의 돌들을 쌓아 만들었고, 교각 사이 거리는 19미터에 달합니다.

수원지에서 가르 다리까지 물을 끌어오는 수로는 50킬로미터 가까이 되고 킬로미터마다 35센티미터 정도 기울어져 내부에서 물이 자연스럽게 흐르는 구조입니다. 당시 로마인들의 뛰어난 토목 기술을 확인할 수 있지요.

스페인 세고비아(Segovia)에도 로마인들이 건설한 수도교가 남아 있는데, 1세기 후반에 건설된 것으로 추정됩니다. 이 거대한 구조물은 2만 400여 개의 거대한 화강암 블록으로 이루어져 있

님의 가르 다리

세고비아 수도교

습니다. 두 단으로 되어 있고, 전체 길이는 800미터, 가장 높은 곳은 30미터에 달하며, 아치 수는 166개나 됩니다. 아소게호 광장을 가로지르는 이 장엄한 수도교 역시 로마인들의 뛰어난 토목 기술을 보여 줍니다.

도시 조직을 빠르게 구성하는 카스트룸

로마인들이 남긴 것은 목욕탕, 신전, 경기장, 수도교 등 거대한 건축물뿐만이 아닙니다. 그들은 주변 지역으로 빠르게 진출해 정복하고 관리하기 위해 격자 형태의 도시 계획 방식을 고안해 냅니다. 연속된 사각형들로 이루어진 격자 형태는 도시를 규칙적이고 질서 있는 정주 환경으로 만들기 위한 가장 전통적이고 기본적인 계획 방법이었습니다.

로마는 주변 영토를 정복하기 위해 먼저 군대를 보냈고, 이들은 카스트룸(Castrum)이라는 격자 형태로 군영을 조직합니다.

카스트룸은 카르도(Cardo)와 데쿠마누스(Decumanus)라는, 각각 남북과 동서로 뻗어 나가는 두 중심축의 교차점에서부터 격자 체계를 구성하여 막사와 주요 시설들을 배치하는 방식입니다. 로마

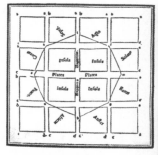
격자 형태의 도시 구성

영국의 로마 도시 실체스터

의 군대는 이렇게 표준화된 계획을 통해 전 세계 어디에서든 빠르게 군영을 정비하고 지역을 통치할 수 있었습니다. 카스트룸에 의해 배치된 주둔지를 중심으로 상인과 사람들이 모여들면서 점차 도시로 확장됩니다.

역사가 플리니(61~113)의 기록에 따르면 속주 하나가 175개의 도시를 거느리고 있었다고 합니다. 이탈리아부터 지중해 연안까지 이미 마을이었던 지역을 제외하고 빈 땅에 격자 모양으로 블록과 거리를 나눈 다음 신전, 광장, 공회당, 극장, 목욕탕 등을 세워 도시를 건설했지요.

영국 남부의 실체스터(Silchester) 유적, 다뉴브 강 유역의 레겐스부르크(Regensburg)와 빈(Wien)에서도 그 흔적을 찾아볼 수 있습니다.

　　루이스 멈포드의 『역사 속의 도시』에 따르면, 토머스 모어
(1478~1535)는 『유토피아』에서 '로마의 도시 하나를 알면 다른
모든 도시를 알 수 있다.'고 표현합니다. 도시들이 표준화된 방법
에 따라 모두 비슷하게 만들어졌기 때문에 한 곳만 보면 나머지
도시의 구조도 예측할 수 있다는 뜻이지요. 로마가 제국을 건설
하고 주변 지역을 도시화하기 이전에 서유럽에는 도시라는 개념
이 없었다고 합니다.

　　로마가 빠르게 영토를 확장하며 도시를 만들 수 있었던 것은 이들
의 표준화된 건설 계획 덕분입니다.

도시의 중심이 된 다뉴브 강 유역의 로마 군 병영 독일 레겐스부르크(왼쪽)와 오스트리아 빈(오른쪽)에 남은 로마 군 병영의 흔적. ©Google Earth

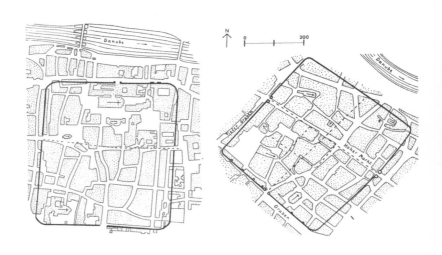

군대를 보내 병영을 설치하고, 도시를 효과적으로 관리하기 위해 도로, 수도교, 다리와 같은 기반 시설을 건설했기 때문이죠.

이런 작업 이후에는 경작지를 분할하고 정치 권력을 분권화했습니다. 속주들의 중심부에 행정과 군사 시설을 세우고 주요 통행로들을 만들었지요. 이때부터 중간에 말을 갈아타며 하루에 320킬로미터까지 이동이 가능해졌습니다.

"모든 길은 로마로 통한다."

결론적으로 로마의 도시들은 시민들을 위한 다양한 기반 시설을 바탕으로 성장했습니다. 도시마다 대표적인 복합 문화 공간이었던 공중 목욕탕과, 오락과 여흥을 즐기기 위한 원형 경기장이 들어섰지요. 그래서 당시 로마의 속주가 된다는 것, 로마인화된다는 것은 결국 도시민화된다는 의미였습니다.

로마인들은 왜 거대한 건축물과 사랑에 빠졌을까?

고대 로마는 고대 그리스와는 정반대로 거대한 제국을 건설했다. 이들이 대제국을 건설할 수 있었던 이유는 도로망과 수로, 항구 등의 토목 사업을 통해 영토를 효율적으로 확장하고 잘 관리할 수 있었기 때문이다.

1. 아피아 가도
- 기원전 312년에 건설된 길이 563킬로미터, 너비 8미터의 도로.
- 처음에는 로마에서 카푸아까지 연결됐다가, 기원전 240년경에 브린디시까지 연장되었다. 로마 제국의 영토 확장 기반이 되었다.

2. 항구 도시 오스티아의 발전
- 테베레 강의 하류에 위치한 입지 조건을 바탕으로 항구 도시로 발전했다. 오늘날까지도 옛 모습이 잘 남아 있어 당시의 다양한 주택 형태를 유추해 볼 수 있다.

인술라	도무스
· 5층 정도 규모	· 중앙 정원 둘레로 방 배치
· 집합 주택의 시초	· 부유층을 위한 단독 주택

3. 공중 목욕탕과 수도교
- **카라칼라 욕장** 로마 최대 규모의 대중 목욕탕. 목욕 시설뿐 아니라 경기장과 체육관, 도서관까지 갖춘 복합 문화 시설이었다.
- **수도교** 로마는 목욕탕뿐 아니라 도시에 물을 공급하기 위해 수도교를 만들었다.

4. 카스트룸
- 로마 시대의 표준화된 병영 배치 계획. 남북과 동서로 직교하는 중심축인 카르도와 데쿠마누스 주변으로 격자 체계를 구성해 막사와 주요 시설을 배치했다.

5. 로마 식민지화의 원리
- 인프라스트럭쳐 : 도로, 다리, 수도교, 병영 계획(방어선)
- 경작지 분할
- 신도시 건설
- 정치적 권력의 지방 분권화

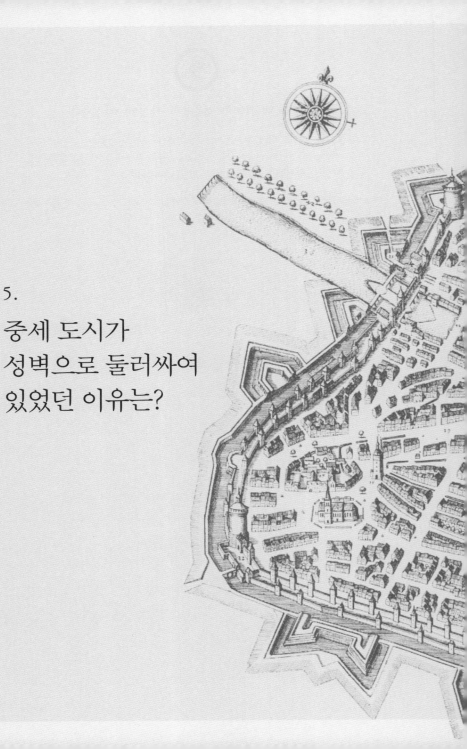

5.

중세 도시가
성벽으로 둘러싸여
있었던 이유는?

5C
중세 시대의 시작

중세의 도시를 떠올려 봅시다. 도시 외곽을 감싼 육중한 성벽과 그 위로 삐죽 솟아오른 첨탑을 그려 보세요.

도시로 들어가기 위해서는 성벽 사이에 만들어진 거대한 성문을 통과해야 합니다. 중세 시대에는 이렇게 두터운 성곽이 도시를 형성하고 유지하기 위한 필수적인 시설이었습니다.

성벽을 건설하기 위해서는 많은 노동력과 자원이 필요했기 때문에 이미 만들어진 도시를 확장하는 일은 쉽지 않았습니다. 따라서 영역이 정해진 도시는 사람이 늘어나며 내부 인구 밀도가 높아지고, 그로 인해 오밀조밀하고 좁고 복잡한 형태를 띠게 됩니다.

중세에 만들어진 시내 지역을 고딕 지구라고 부르는데, 대표적으로 바르셀로나(Barcelona) 고딕 지구에서는 빽빽하게 들어

바르셀로나 고딕 지구 복잡하고 조밀한 중세의 도시 조직. ©Google Earth

선 건물 사이로 좁은 길들이 세세하게 나 있는 것을 확인할 수 있지요. 이런 조밀한 형태가 만들어진 이유는 성벽에 의해 한정된 구역 안에서 생활 환경이 점차 안정되며 인구가 증가했기 때문입니다.

건재했던 로마 제국이 몰락하자 여러 도시들은 서로를 약탈하고 빈번하게 전쟁을 일으킵니다. 중세의 도시가 견고한 성벽을 중심으로 발전했던 이유는 바로 이런 혼란 때문이었습니다. 이런 상황에서 살아남고 재산을 지키기 위해서는 방어 수단이 필요했는데, 성벽이 바로 그런 수단이 되어 준 것이지요. 그렇게 도시들은 스스로를 지키기 위한 방어 체계를 갖추고 사회적으로 차츰 안정되어 갔습니다. 그리고 자급자족의 경제 구조를 기반으로 서서히 활력을 되찾게 됩니다.

로마가 몰락하고 새로운 중세 도시들이 성장한 이야기를 더 자세히 살펴볼까요?

로마의 몰락과 수도원의 역할

로마가 대제국으로 성장하는 과정은 이미 살펴봤지요. 지중해 연안을 비롯해 북유럽과 영국, 북아프리카와 아시아까지 진출합니다. 그러나 이렇게 넓게 영토를 확장한 결과, 사회·정치·기술적인 모든 측면에서 정상적인 체제를 유지하기 어려울 정도로 규모가 비대해져 점차 쇠퇴합니다.

로마 제국의 대도시들은 인구가 늘자 주변의 식민지나 통치 지역에 기생하는 경향을 보였습니다. 당시 로마인들은 뛰어난 능력과 기반을 갖고 있었음에도 불구하고 식량 문제를 해결하기 위한 농업 기술 개발이나 소비재 생산 등에 큰 열의를 보이지 않았지요. 늘어나는 인구를 수용하기 위해 생산성과 효율성을 높이기보다 계속해서 식민지를 착취해 자원을 확보하려 한 것입니다.

이런 상황이 지속되자 피지배 지역들이 반발합니다. 당시

로마는 대제국을 건설한 이후에도 기원전 5세기의 농업 기술을 그대로 사용할 정도로 낙후되어 있었습니다.

그렇게 주변의 반발과 침략을 받으며 외곽 도시들부터 서서히 행정 기능이 마비되었고, 군사들도 점차 퇴각했습니다. 안정적인 생활 환경이 파괴되고 시민들이 떠나자 로마 제국의 여러 도시들에는 거대한 축조물들의 빈 껍데기만 남게 되지요.

서기 395년, 결국 로마는 동로마와 서로마로 분열됩니다. 이후 이탈리아를 중심으로 유럽을 지배했던 서로마 제국은 476년에 게르만 족에 의해, 비잔티움 제국으로도 알려진 동로마 제국은 1453년에 오스만 제국에 의해 멸망합니다. 이로써 로마의 영광은 모두 역사 속으로 사라지게 되지요.

거대한 단일 제국이었던 로마가 분열하자 유럽의 여러 지역들은 혼란에 빠지는데, 사회가 다시 안정을 되찾는 데에 기독교가 큰 역할을 합니다. 공통된 신앙이 사람들에게 유대감과 안정감을 준 것이죠. 종교가 자리를 잡자 유럽 전역 곳곳에 성당과 수도원들도 세워집니다.

수도원은 수도사들의 자급자족적인 공동체 사회로 볼 수 있습니다. 이들은 경작지에 물을 대는 관개 농업을 개발하고 땅을 깊게 팔 수 있는 심경 쟁기, 말을 이용하기 위한 편자와 안장 등 다양한 도구도 발명합니다. 노동력을 절감할 수 있는 기술들이

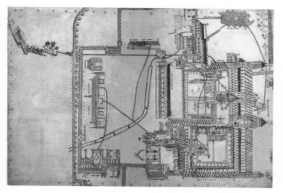

12세기 켄터베리 대성당과 수도원의 수로 지도 붉은 선으로 표시되어 있는 수로가 대성당과 수도원 곳곳을 지나며 각종 작업에 필요한 물을 공급했다. 수도사들의 자급자족 사회였던 수도원은 중세 시대 경제와 도시 발전의 기틀이 되었다.

퍼져 나가며 생산 효율성이 높아지고 잉여 생산물이 발생하자 상인 계급이 등장합니다.

교회는 종교를 바탕으로 새로운 권력층이 되어 주변 토지를 소유하며 농촌 조직의 변화를 이끌어 냅니다. 사회가 다시 안정되고 경제 활동이 활발해지자 정치 권력을 소유한 왕과 군주들이 등장했고 이들에 의한 체계가 견고하게 자리를 잡습니다.

이렇게, 이 시기에는 수도원이 중심이 되어 몰락한 도시들을 재건하고 발전시키는데, 대표적으로 프랑스 북부의 생토메르(Saint-Omer)를 들 수 있습니다.

이 도시는 7세기경에 주교였던 성 오메르(생년 미상~670)가 수도원을 세운 것에서 시작합니다. 지금까지도 건물들이 수도원을 중심으로 작은 원 형태로 들어선 모습이 남아 있어 그 발달 과정을 확인할 수 있습니다.

생토메르 주민들은 침입자와 이교도의 공격을 막고 스스로를 보호하기 위해 수도원과 수녀원 주위에 성벽을 쌓았습니다. 견고한 방어 체제를 바탕으로 10세기 무렵에는 도시가 크게 번창하죠. 생토메르는 프랑스에서 영국으로 건너가는 길목인 칼레(Calais)의 남동쪽 인근에 위치하는데, 지금도 프랑스에서 출발하는 고속열차 테제베는 칼레의 해저 터널을 거쳐 영국으로 건너갑니다. 이처럼 이 지역은 외국과의 교역에 있어 핵심적인 곳이기도 했지요.

생토메르 ©Google Earth

북유럽의 베니스, 브뤼헤

수도원과 교회를 중심으로 사회가 다시 안정되자 사람들의 상행위도 활발해집니다. 상품에 대한 수요가 증가하고 시장을 통한 유통이 편리해지자 도시는 다시 활기를 되찾지요.

특히 바다와 인접한 도시들은 항만을 이용한 상업 활동으로 번성했는데, 벨기에의 브뤼헤(Bruges)도 그중 하나였습니다.

브뤼헤는 교역을 위해 하천을 따라 운하를 적극적으로 개발합니다. 번창하는 도시에 필요한 물건을 공급하기 위해 성문 근처에 자연스레 상인들이 모였고, 그들을 찾는 부유한 귀족들이나 사업가들이 늘자 여관도 생겨납니다.

여관 주인들은 성벽 바깥의 다리 가까이에 집을 지어 성안에 머무를 수 없는 이들에게 숙소를 제공했고, 그 주변으로 집들이 늘어나며 또 다른 마을이 형성됩니다. 사람들은 이곳을 다리라고 불렀고, 다리를 지칭하는 브릿지(Bridge)라는 단어에서 따 브뤼헤라는 이름이 붙여집

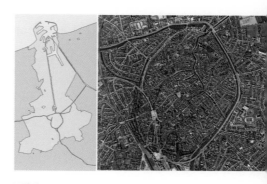

브뤼헤 ⓒGoogle Earth

니다.

12세기 초에는 성이 축조되어 도시가 안정적으로 자리잡았고, 이를 바탕으로 브뤼헤는 플랑드르 지방의 수도 역할을 했습니다. 이후 브뤼헤에는 철도가 건설되어 육로와 해상을 통해 유럽의 중심 도시로 발전합니다.

브뤼헤는 13세기에서 14세기 사이에 전성기를 맞이해 북유럽의 베니스라 불리기도 합니다. 시내를 관통해 종횡으로 수로가 뻗어 나가고 다리들로 연결된 물의 도시였지요. 특히 바다 건너편 영국에서 양모를 수입하기 위한 항구이자 한자 동맹 상업망의 중계지로 자리를 잡으며 베니스에 견줄 만한 상업 도시로 발전했습니다.

로마의 둥지를 이용한 도시들

한편, 로마인들이 남겨 놓고 떠난 거대한 건축물들은 새로운 도시를 위한 기반 시설로 이용됩니다.

로마의 원형 경기장을 중심으로 발전한 도시들이 있는데, 프랑스 남부의 님을 먼저 살펴봅시다. 님은 원형 경기장을 중심으로 모여든 서고트족에 의해 새로운 도시로 발전합니다. 대중을 수용하기 위해 만들어진 원형 경기장은 안에 2천여 명이 모여 살 수 있을 정도로 큰 시설인 데다가, 출입문을 봉쇄하면 돌로 쌓은 거대한 성벽처럼 변해 내부의 사람들을 보호할 수 있었습니다.

프랑스 남부의 또 다른 도시 아를(Arles)에서도 비슷한 모습을 볼 수 있습니다. 아를에 남겨진 로마의 원형 경기장이 주거지로 이용되며 이곳을 중심으로 도시가 성장합니다. 오래되어 버려져 있던 건축물이 천연의 요새이자 생활의 기반 시설이 되어 준 것이지요.

로마의 원형 경기장은 많은 사람이 효율적으로 드나들 수 있도록 출입구 통로를 만드는 보미토리움(Vomitorium) 계획이 적용되었습니다. 수많은 아치 문이 있었고, 내부에서 이동하기 위한 통로는 커다란 터널 같았지요. 갈 곳이 없던 피난민들에게는 이런

님의 원형 경기장

아를의 원형 경기장 내부에 주택들이 들어서 있는 모습

공간이 적으로부터 스스로를 보호하며 거주하기에 최적의 장소
였습니다.

도시 건설을 위한 필수 시설, 성벽

로마인들이 남기고 간 시설을 이용했던 도시들과는 반대로, 하천
유역에서 물길을 통해 경제적인 발전을 이룬 도시들은 스스로를
보호하기 위해 주변에 성벽을 건설했습니다.

브뤼헤를 비롯해 런던(London), 브뤼셀(Brussels), 파리는 모두 하
천과 인접해 발전했고, 안쪽에서부터 바깥쪽으로 여러 겹의 성
벽이 만들어진 것을 볼 수 있
습니다. 8세기에서 11세기 사
이에는 사라센과 바이킹의
침입이 빈번했고, 이들로부
터 보호가 필요했던 주민들
이 성안에 자리잡으면서 봉
건 제도라는 새로운 사회 경
제 체제가 만들어집니다. 봉

17세기 브뤼헤 지도 성벽과 해자가 도시를 이중으로
감싸고 있다.

건 제도에 관한 자세한 이야기는 뒤에서 하도록 하지요.

사람들은 외부의 적으로부터 스스로를 안전하게 지키기 위해 도시 둘레에 성벽과 해자를 만듭니다. 하천은 좋은 입지 조건이 되어 주었지만 동시에 적들이 침입해 오는 통로이기도 했기 때문이죠.

성벽은 이런 상황에 대비해 적은 수의 군사만으로도 적의 공격을 막아 낼 수 있는 효과적인 방어 시설이었습니다.

성안의 지역민들은 안정된 생활을 위해 귀족과 봉건 영주에게 봉사하는 시민이나 농노가 됩니다. 이들은 경작과 상행위 같은 생계 활동을 보장받는 대가로 성을 쌓는 등 각종 부역을 합니다. 도시에 성벽이 생기며 시민들의 생활이 안정되고, 발전의 기틀이 다져졌습니다. 2만여 명의 인구가 모여 사는 독일의 작은 도시 뷔딩엔(Büdingen)에는 중세에 만들어 진 성벽이 아직도 남아 있죠.

기독교를 통해 정신적·사회적 통합을, 그리고 성벽의 축조로 내부의 안정을 이룬 도시에서는 상업의 발전과 함께 도시의 근본적인 속성들

독일 헤센 주의 뷔딩엔

인 행정적·종교적·경제적 기능들이 차츰 늘어나기 시작합니다. 산업의 분화도 이루어지며 전문 장인들과 서비스 노동자, 그리고 상인들이 등장해 새로운 계급으로 성장합니다.

전형적인 중세 도시의 배치를 보면 중심에 교회가 위치하고 인근에 시청이, 이들과 인접한 곳에 시장이 들어섰다는 것을 알 수 있습니다. 종교와 정치 권력의 보호를 받기 위해서였지요. 자연스레 시장은 교회, 시청과 함께 도시 공동체의 활동 중심지가 됩니다. 이처럼 중세의 도시들은 성벽이라는 방어 시설 안에서 성장했고, 도시 안에 주요 시설들이 자리를 잡으며 사회적인 계층 분화가 일어났습니다.

두오모 성당   캄포 광장   푸블리코 궁전

시에나 중심부 전경 ©Google Earth

중세 도시가 성벽으로 둘러싸여 있었던 이유는?

중세 시대에는 거대한 성벽이 도시를 형성하고 유지하기 위한 필수 시설이었다. 성벽을 건설하기 위해서는 많은 노동력과 자원이 필요했기 때문에 이미 형성된 성벽을 넓히는 일은 쉽지 않았다. 따라서 정해진 영역 안에서 인구 밀도가 높아졌고 도시 공간은 이전 시대보다 복잡한 형태를 띠기 시작했다.

1. 수도원과 함께 발달한 도시

- **생토메르** 프랑스 북부의 도시. 7세기경 주교였던 성 오메르가 수도원을 세우며 발전하기 시작했다. 지금까지도 수도원을 중심으로 작은 원 형태로 자리잡은 건물들이 남아 있어 그 발달 과정을 확인할 수 있다.

> 로마 제국의 분열 ⇨ 사회 혼란 ⇨ 수도원을 중심으로 도시 발달

2. 북유럽의 베니스, 브뤼헤

- 벨기에 브뤼헤는 바다와 인접한 입지 조건으로 항만을 이용해 상업 활동을 하며 번성했다.
- 도시에 필요한 물건을 공급하기 위해 성문 근처에 자연스럽게 상인들이 모였고, 이들을 위해 다리 가까이에 마을이 형성되며 다리(Bridge)라는 단어에서 브뤼헤라는 이름이 지어진다.

3. 원형 극장, 거주지가 되다

- 로마 제국의 거대한 건축물 ⇨ 새로운 도시를 위한 기반 시설
- 프랑스 남부의 님과 아를에서는 로마 시대의 원형 경기장에 사람들이 모여들며 거주지로 변화했다.
  ┉➔ 많은 사람을 수용하며 요새의 역할을 하기 적합한 구조

4. 중세 도시의 성벽

- 중세의 도시들은 스스로를 보호하기 위해 성벽을 쌓기도 했는데, 런던과 브뤼셀, 파리에서는 하천을 중심으로 여러 겹의 성벽이 만들어진 것을 볼 수 있다.
- **봉건 제도 발생** 사람들은 경작, 상행위 등 생계 활동을 보장받고 그 대가로 성을 쌓는 등 부역의 의무를 다하는 시민이나 농노가 된다. 이 시기에 성벽은 도시 발전의 기틀이 되었다.

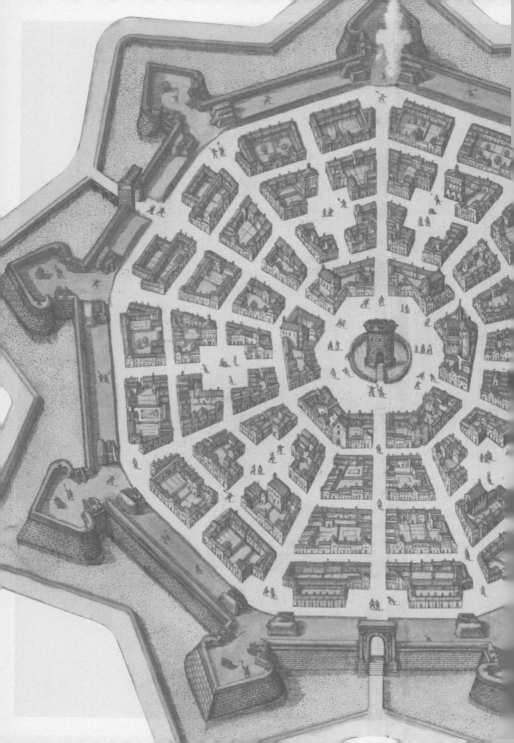

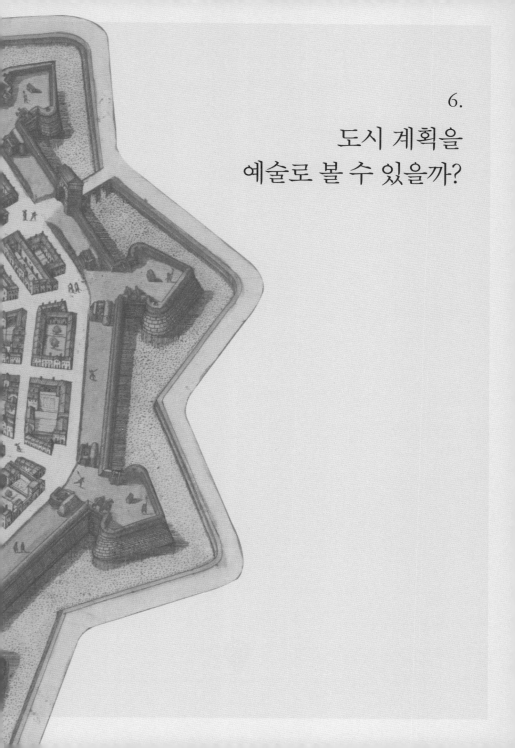

6.

도시 계획을
예술로 볼 수 있을까?

14C
르네상스 시대 시작

요즘은 도시 계획을 예술적인 측면, 미적 기준으로만 바라보는 견해는 찾아보기 어렵습니다. 예술성보다는 실용성을 중요시한 결과지요.

하지만 과거에는 도시 공간을 예술 작품처럼 아름답게 꾸미려 노력했던 때가 있었는데요. 바로 우리가 잘 알고 있는 르네상스 시대입니다.

당시 도시 계획가들이 구축했던 아름답고 극적인 도시 공간들은 지금까지도 관광 자원으로 남아 전 세계 사람들의 발길을 이끌고 있습니다.

중세를 거치며 종교적·사회적으로 안정을 되찾은 유럽의 대도시들, 특히 피렌체(Firenze), 베니스(Venice), 밀라노(Milano),

시에나(Siena) 등 이탈리아의 도시에서는 상업이 발전하며 부유한 귀족 계급이 등장합니다.

이들은 사회의 안정과 부흥에 힘입어 도시를 정비하기 위한 프로젝트들을 진행합니다. 자신의 도시가 다른 곳들보다 우월해 보이기를 바라며 유명한 예술가들에게 도시 계획을 맡겼지요.

이렇게 귀족들의 부와 열망, 그리고 예술가와 장인들의 새로운 표현 방식과 기술이 결합해 도시를 시각적으로 완벽한 공간으로 만들고자 하는 여러 밑그림이 등장합니다.

르네상스의 시작, 피렌체

르네상스를 이야기하며 빼놓을 수 없는 곳이 바로 로마 북서쪽 아르노 강변에 위치한 피렌체입니다. 피렌체는 르네상스가 꽃피어난 도시라고 불릴 만큼, 이 시기의 문화 발전을 주도했습니다.

이곳의 역사는 기원전 2세기 무렵에 시작됩니다. 앞서 살펴본 로마 제국의 격자 형태 도시, 기억나시나요? 로마에서 시작된 카시아 가도가 아르노 강과 만나는 교통의 요지, 그곳에 일찍부터 로마군의 병영이 건설됩니다. 당시의 흔적은 지금까지도 피렌체 구시가지에 남아 있지요.

11세기부터 토스카나 지방의 중심 도시가 된 피렌체는 인구가 급격하게 늘어나며 고대의 시가지에서 벗어나 크게 성장합니다. 당시 도시 거주자는 약 2만 명 정도였던 것으로 추산되는데, 이렇게 많은 사람을 수용하기 위해 폭이 좁은 다층 주택들이 만들어집니다.

12세기 무렵부터는 모직 산업이 발전하며 등장한 직물 상인과 귀금속 상인들이 길드를 형성해 경제적으로 번영하기 시작합니다. 13세기에는 경쟁 관계에 있던 인근의 피사(Pisa)를 압도하며 토스카나 지방의 제일가는 도시로 성장했고, 이후 유럽의 상공업과 금융 중심지로 자리잡더니 15세기 초부터는 메디치 가문이 피렌체의 권력을 장악합니다.

예술가들의 시대

경제적으로 성장하며 확장되는 도시를 정비하기 위해 13세기부터 여러 사업들이 진행되는데, 귀족들은 도시 정비에 예술가들을 적극적으로 참여시킵니다.

이 시대의 대표적인 예술가로 캄비오(1240~1310), 탈렌티(1300~1369), 기베르티(1378~1455), 브루넬레스키(1377~1446),

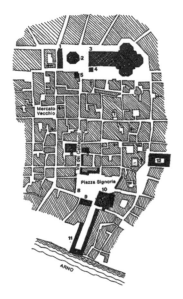

아르놀포 디 캄비오의 주요 프로젝트와 13세기에 확장된 피렌체 지도 지도의 검은색 부분이 아르놀포 디 캄비오가 설계한 건축물들이다.

도나텔로(1386~1466), 우첼로(1397~1475) 등이 있습니다. 이들은 당시 선구적인 역할을 하며 르네상스 시대를 이끌었죠.

그중에서 13세기 피렌체의 도시 정비를 주도했던 인물은 아르놀포 디 캄비오였습니다. 그는 산타 마리아 델 피오레 대성당(Cattedrale di Santa Maria del Fiore)과 산타 크로체 성당(Basilica di Santa Croce), 베키오 궁전(Palazzo Vecchio) 등을 설계했습니다.

당시 예술가들은 회화, 조각, 문학, 음악, 건축 등 여러 분야를 넘나들며 활동했습니다. 오늘날에도 다방면에 뛰어난 능력을 가진 사람들을 '르네상스 맨'이라 부르곤 하죠. 당시의 예술가들은 엄청난 재능을 바탕으로 큰 업적을 많이 남겼습니다.

그들은 이전 시기와는 다르게 새롭고 혁신적인 방법으로 작품 활동을 했습니다.

대표적으로 투시도법을 들 수 있는데요. 이는 삼차원 공간을 이차원의 화폭에 사실적으로 표현하기 위해 고안된 것으로, 한 점을 시점으로 잡고 물체를 원근법에 따라 눈에 비치는 그대로 그리는 기법입니다. 투시도법은 지금까지도 삼차원 공간을 표현하기 위한 기본적인 방법으로 사용되고 있죠.

건축 분야에서는 브루넬레스키의 업적이 특히 두드러지는데, 그가 정립한 규칙들은 현대 건축가들 사이에서도 꾸준히 사용되고 있습니다.

그는 건물이나 구조물을 짓기 전에 그림 또는 모형으로 명확하게 정의하고, 비례와 치수, 재료 등을 충분히 고민하며, 축조물의 세부 요소들인 기둥과 창문, 아치 등을 세심하게 고려할 것을 주장했습니다.

그뿐만 아니라 고대 로마의 유물들을 연구하고 묘사하는 과정에서 투시도법을 새롭게 정리해 후대의 건축방법론에 중요한 영향을 미칩니다. 브루넬레스키가 프로젝트를 정의하고 발전시키는 방법들은 건축뿐 아니라 회화와 도시 계획에도 스며들어 도시 공간을 미술 작품의 한 장면처럼 연출하고자 하는 시도들이 등장합니다.

당시의 예술가들은 든든한 후원자였던 귀족들의 지원을 받아 마음껏 재능을 펼칠 수 있었고, 도시를 지배하던 귀족들은 예술가들을 통해 그들의 대저택뿐 아니라 도시 공간도 시각적으로 완벽하게 가꾸려 했습니다.

캄비오의 대표적 건축물로는 피렌체의 구시가지에 위치한 베키오 궁전이 있습니다.

베키오 궁전, 팔라초 베키오는 이탈리아어로 '오래된 궁전'이라는 뜻입니다. 원래의 명칭은 팔라초 델라 시뇨리아(Palazzo della Signoria, 지도자들의 궁전)였고, 처음에는 이름에 걸맞게 도시 지도자들이 모여 회의를 하는 장소였지요. 도시의 지도자들은 대부분 길드의 대표들로, 경제적인 힘을 바탕으로 시의 지배 세력이 되었습니다.

베키오 궁전의 전경

이 건물은 1299년 시의회의 주문에 따라 지어져 1565년까지 사용됩니다. 그러나 이후에 브루넬레스키가 피티 궁전(Palazzo Pitti)을 축조하자 팔라초 델라 시뇨리아는 오래된 궁전, 즉 팔라초 베키오라고 불리게 되지요.

캄비오의 또 다른 작품으로는 산타 마리아 델 피오레 대성당이 있습니다. 일명 피렌체 두오모라고도 불리는 이 성당은 브루넬레스키의 돔 지붕으로 더 유명하지만 사실 캄비오의 설계로 1296년에 공사가 시작됩니다.

캄비오가 작업을 끝마치지 못하고 사망하자 공사 규모는 점차 커져 건물의 폭은 약 40미터, 가장 높은 곳은 약 90미터에 이릅니다. 축조 과정 중 가장 어려운 부분은 천장을 덮는 거대한 지붕이었는데, 당시의 기술로는 불가능하다고 여겨졌던 거대한 돔 지붕을 만들기 위해 현상 설계가 진행되었습니다.

현상 설계는 간략하게 설명하면, 합리적인 설계안을 얻기 위해 상을 걸고 여러 설계자들이 경연하는 방식으로 진행되는 설계를 의미합니다.

이 현상 설계에서 브루넬레스키가 당선됩니다. 그리고 마침내 공사가 시작된 지 130여 년 만에 지름 50미터에 달하는 거대한 돔

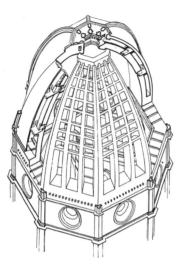

산타 마리아 델 피오레 대성당의 돔 구조

지붕이 위용을 드러내죠. 피렌체 두오모의 거대한 돔 지붕은 앞쪽에 위치한 종탑과 함께 지금까지도 도시의 중심 장소 역할을 하고 있어요.

　많은 학자들이 브루넬레스키를 르네상스를 대표하는 천재 예술가로 꼽습니다. 건축사학자 베네볼로(1923~2017)는 '르네상스 건축은 브루넬레스키가 산타 마리아 델 피오레 대성당의 돔을 짓기 위한 현상 설계에 당선되며 함께 등장했다.'고 표현했지요.

　지붕에 대리석으로 곡선의 뼈대를 세우고, 그 사이사이를 벽돌로 만든 곡면 형태의 삼각형 8개로 메워 돔을 만드는 것은 그야말로 혁신적인 아이디어였습니다. 이 지붕을 완성하기 위해 브루넬레스키는 벽돌을 쌓는 방법과 그에 필요한 도구들을 개발하기도 했지요.

캄비오와 브루넬레스키의 뒤를 잇는 레온 바티스타 알베르티(1404~1472) 역시 르네상스 시대의 전형적인 천재 예술가로 꼽힙니다. 그는 건축과 예술뿐 아니라 수학, 법학, 신학에도 조예가 깊어 다양한 저서를 집필했습니다. 옛 건축 이론들을 정리해 『건축론』을 쓰기도 했지요. 이 책을 통해 건축을 포함한 르네상스 시대의 예술 기법들이 이론적으로 정리되어 후대까지 전해질 수 있었습니다.

중세를 신을 위한 시대라고 한다면 르네상스는 인간을 위한 시대라고 할 수 있습니다.

이러한 시대 정신에 걸맞게 알베르티는 이성의 중요성을 강조하며 사람의 합리적 사고로 훌륭한 건축물과 예술 작품들을 만들 수 있다고 주장합니다.

알베르티는 이론적 업적을 남기는 데에 그치지 않고, 건축물을 직접 설계해 르네상스의 새로운 양식을 후대에 남겼습니다. 그의 대표적인 건축물로는 루첼라이 궁전(Palazzo Rucellai)이 있지요.

> **"우리는 사고와 상상력 속에서, 재료와는 완전히 별개인 완벽한 형태의 건물을 추구할 수 있다."**
> – 레온 바티스타 알베르티

그는 브루넬레스키와 마찬가지로 고전 건축을 연구해 이를 새롭게 표현하는 기법을 선보였는데, 루첼라이 궁전에서는 로마식 오더를 활용해 연속된 세 층의 아치를 벽의 입면으로 적용시켰습니다.

로마 시대에는 그리스의 여러 건축 양식과 아치를 결합해 벽면을 구성했는데요. 이런 구성을 '로마식 오더'라고 합니다. 대표적인 예시로 콜로세움 벽면이 있지요.

로마식 오더 로마의 콜로세움(위)과 피렌체의 루첼라이 궁전(아래)은 로마식 오더의 대표적인 건축물들이다.

로마 시기에는 이런 아치가 구조적인 역할을 하며 입체적인 형태로 드러났는데, 루첼라이 궁전에서는 이런 형식이 평면화되어 보다 장식에 가까운 모습으로 표현됩니다. 이는 고전 양식을 빌려 와 새로이 적용시킨 대표적인 사례입니다.

예술 작품과 같은 도시

당시 피렌체에서는 귀족과 예술가들이 추구했던 시각적, 심미적으로 완전한 도시 공간을 구현하기가 쉽지 않았습니다. 이미 자리잡고 있던 수많은 건물들과 도시 조직을 그들의 이념에 따라 모두 바꾸는 것은 불가능한 일이었지요.

그렇지만 다른 지역에서는 도시 전체를 하나의 예술 작품처럼 계획해 만드는 경우도 있었습니다. 베니스 북부에 위치한 팔마노바(Palmanova)에서 그 모습을 지금까지도 확인할 수 있어요.

팔마노바는 1593년 스카모치(1552~1616)에 의해 조성된 계획 도시로, 도시 전체가 별 모양을 하고 있습니다. 도시 공간을 종합적으로 구상해 예술 작품으로 표현하고자 했던 당시 계획가들의 이념이 완벽한 기하학적 형태로 드러난 것이죠.

약 3만 제곱미터에 달하는 육각형의 중앙 광장에서부터 방사형으로 뻗어 나가는 중심 도로들은 모두 14미터의 균일한 폭으로 만들어졌습니다. 광장과 도로가 도시의 규모에 비해 과하게 만들어졌는데, 특히 이 중앙 광장의 면적은 시에나 중심부에 부채꼴로 펼쳐져 있는 캄포 광장의 약 두 배에 달합니다. 시각적인 효과를 지나치게 강조하다 보니 작은 도시임에도 공간 계획이 과도하게 적용되어 실용적인 측면보다는 미적인 측면이 강조된 것이지요.

팔마노바

당시의 다른 광장에서도 이렇게 미적인 측면을 강조한 모습을 찾아볼 수 있습니다.

투시도법을 이용한 입체적인 공간 표현은 연극 무대와 광장에서도 잘 드러납니다. 르네상스 시기에는 연극이 크게 발전했지요. 일상 생활의 재현인 연극과 다양한 이벤트가 벌어지는 일상 공간인 광장은 이 시기에 이르러 상호 작용하며 발전합니다.

　예술가들은 관객들에게 사실적인 연극 무대를 보여 주려 노력했고, 행사를 더 극적으로 보여 주기 위해 도시의 광장을 무대처럼 연출하기도 했습니다. 이를 위해 주변 건물들의 입면을 조절하고 이용했지요. 이런 모습은 이후 바로크 시기에도 계속되는데, 도시의 중심 공간을 형성하는 광장과, 인접한 개선문, 사원, 교회 등을 이용한 도시 계획이 지속적으로 진행됩니다.

투시 효과를 극대화한 르네상스 시기 무대 연출과 베니스의 산 마르코 광장 도시의 오픈 스페이스인 광장은 주변 건물로 만들어지는 벽면과 우뚝 솟은 첨탑들로 그 시각적 효과가 고조된다.

도시 계획을 예술로 볼 수 있을까?

르네상스 시대에는 도시 공간을 아름답게 꾸미려는 시도들이 있었다. 특히 사회적으로 안정된 이탈리아의 여러 도시에서는 귀족들이 예술가들을 앞세워 혁신적이고 예술적인 도시 계획을 추구했다.

1. 르네상스의 시작, 피렌체

로마의 북서쪽 아르노 강변에 위치한 피렌체는 르네상스가 꽃핀 곳이라 불릴 만큼 그 시기의 문화 발전을 주도했다.

12세기
모직물 산업 발달,
상인 길드 형성

→

15세기
메디치 가문
권력 장악

2. 예술가들의 시대

- **아르놀포 디 캄비오** 13세기 피렌체의 도시 정비를 주도해. 피렌체 대성당과 산타 크로체 성당, 베키오 궁전 등을 설계했다.
- **필리포 브루넬레스키** 캄비오가 작업을 끝마치지 못한 피렌체 대성당의 돔을 완성한다. 고대 로마의 유물을 연구하고 묘사하는 과정에 투시도법을 새롭게 정리했다.
- **레온 바티스타 알베르티** 건축과 예술뿐 아니라 수학, 법학, 신학에도 조예가 깊어 다양한 저서를 출간했다. 대표적인 건축물로는 루첼라이 궁전이 있다.

3. 도시 자체가 예술 작품, 팔마노바

베니스 북쪽에 위치한 팔마노바는 하나의 예술 작품처럼 계획되어 만들어진 도시다. 1593년에 스카모치에 의해 조성되었고, 육각형의 거대한 광장을 중심으로 도시 전체가 별 모양으로 만들어져 있다.

시각적인 효과를
지나치게 강조

→

도시 전체의 규모에
비해 과한 광장 면적

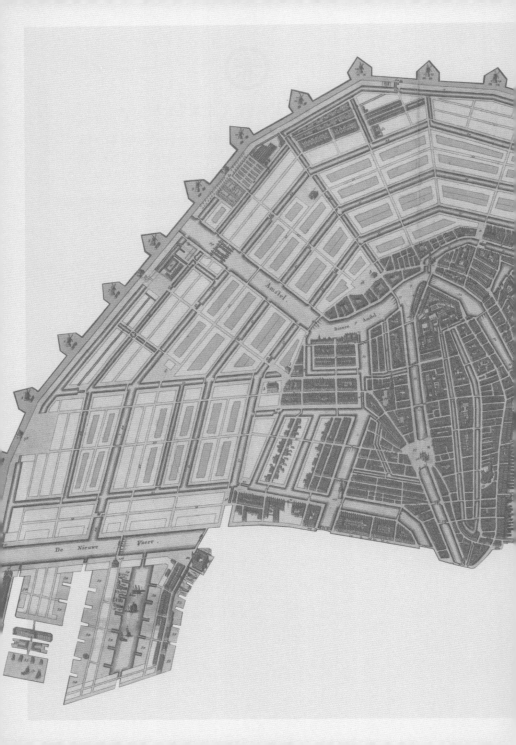

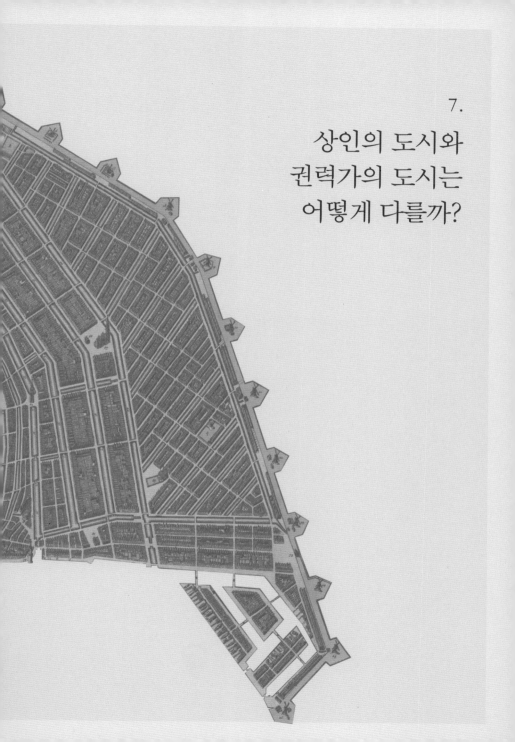

상인의 도시와
권력가의 도시는
어떻게 다를까?

16C
상인 계층 성장

도시들은 얼핏 보면 전부 비슷한 구조와 형태로 이루어진 것 같지만, 사실 누가 권력을 소유했는지에 따라 다양한 모습으로 나타납니다. 상인들은 중세 이후에 부를 축적하며 도시에서 가장 중요한 계급으로 자리를 잡고 성장합니다. 이들은 실용적인 가치를 중시하는 경향을 보이는데, 이러한 특성에 따라 상인들이 주축이 된 도시는 전통적인 귀족과 봉건 영주의 도시와는 다른 특징을 갖게 되었습니다.

특히 중세 이후, 16세기 유럽에서는 경제와 정치가 작용하는 방식에 따라 도시들이 두 가지 형태로 발전합니다.

군주의 도시에서는 그들의 절대적인 권위가 도시의 구조에 드러납니다. 반면 상인들의 도시는 상업과 산업, 그리고 시민들의 요구를 충족하는 쪽으로 발전해 실용적인 성격을 띠죠. 로마와 런던, 두 도시에서 그 극명한 차이를 볼 수 있습니다.

로마 제국은 황제의 지배하에 있었고, 이후에는 기독교가 널리 퍼지며 교황이 권위를 떨쳤습니다. 이들의 권력을 드러내기 위해 거대한 건축물과 공간을 중심으로 하는 도시 계획이 등장하지요. 반면에 런던은 상업을 중심으로 발전해, 로마에서 볼 수 있는 기념비적인 건축물을 보기 어렵습니다.

앞서 살펴봤듯이, 중세 시대에는 상업이 발달하며 도시가 성장했고 사람들이 모여들었습니다.

사람들은 도시의 보호를 받으며 각종 의무를 수행했지요. 그 대가로 안정적인 생계 활동을 이어갈 수 있었고, 자유 시민으로서 사회적 지위도 누립니다. '도시의 공기는 자유를 준다.'라는 말도 바로 이때 생겨났지요.

상인과 수공업자와 같이 전문화된 계층은 자신들의 활동을 보장받고 이익을 대변하기 위해 길드를 결성합니다. 이들은 자율적인 훈련과 규제를 통해 결속력과 전문성을 강화시켰고, 해외 무역을 독점하거나 도시 내에서 정치력을 행사하며 막강한 세력으로 급부상합니다. 중세 이후에 르네상스가 도래할 수 있었던 데에도 이들이 축적한 부가 크게 작용했지요.

군주의 도시, 빈

다시 강력한 권력을 바탕으로 한 군주의 도시로 돌아가 봅시다.

중세 이후 유럽에서는 왕과 지방 권력층의 세력 다툼이 빈번하게
일어납니다. 절대 군주가 있었던 국가에서는 영주들을 봉건 서약
을 통해 왕 아래에 예속시키곤 했습니다. 오스트리아에서 이런
모습을 볼 수 있었지요.

　　오스트리아 빈은 대표적인 군주의 도시입니다. 도나우 강 상
류에 위치한 이 오래된 도시는 수백 년 동안 이어진 신성 로마 제

성벽으로 둘러싸인 중세 시대 빈

국의 수도로서 절대 권력이 만들어 낸 모습을 오늘날까지 간직하고 있지요.

중심부의 성벽은 도시의 확장을 보여 줍니다. 그리고 도시 외곽에는 화려한 궁전이 자리하고 있습니다. 합스부르크 가의 궁전이었던 쇤브룬 궁전(Schloss Schönbrunn)은 '아름다운 샘물'이라는 뜻을 담고 있는데, 이곳에 흐르던 샘물을 왕실의 식수로 제공하여 붙여진 이름입니다.

쇤브룬 궁전의 정원에는 길이 격자와 다이아몬드 형태로 펼쳐져 있습니다. 도시 중심에 위치한 성벽 내부의 중세 도시 조직과는 확연히 다르지요.

쇤브룬 궁전에서 보이는 격자 형태와 건물을 중심으로 뻗어 나가는 방사형 길은 강한 권력을 가진 군주들의 도시에서 흔히 볼 수 있는, 전형적인 바로크 계획 양식입니다. 별빛 또는 태양빛이 사방으로 퍼져 나가는 모습을 닮았지요.

궁전의 전면에는 넓은 길이 모여 축을 형성하고 있고, 이 길들 사이로 아름다운 정원이 거대한 카펫처럼 펼쳐져 있습니다. 이는 모두 강력한 힘이 공간에 드러나는, 절대 군주들이 통치하던 도시에서 특징적으로 볼 수 있는 모습입니다.

(위)도시 외곽에 위치한 쇤브룬 궁전, (아래)빈의 중심가에 남아 있는 중세 도시 조직 ©Google Earth

상인의 도시, 암스테르담

그럼 이번에는 상인들에 의해 성장하고 발전한 암스테르담 (Amsterdam)을 둘러봅시다.

네덜란드에서는 각각의 도시들이 자치권을 가지며 중세까지 도시국가 같은 형태가 이어집니다. 다수의 부유한 상인 계급이 권력을 소유하며 저마다 독립적인 사회와 제도를 유지한 것이지요. 도시들은 공동의 경제적 이익, 또는 군사적인 목적이 있을 때에만 연방체를 형성했습니다.

암스테르담은 네덜란드의 수도로 바다 가까이에 있어 자연스레 하천을 중심으로 운하가 건설되고 도시가 정비됩니다. 앞서 살펴본 브뤼헤와도 비슷하죠?

12세기경에 바다와 연결되는 강 하류에 둑을 쌓아 도시의 모습이 갖춰지기 시작했고, 1590년대에 도시를 보호하기 위해서 근대적인 군사 기술을 도입해 거대한 성곽을 축조합니다. 도시의 성장에 따라 성벽들 사이로 운하가 함께 확장되었지요.

16세기 중반에 이르러 암스테르담은 유럽 제 1의 무역항이자 상업 도시로 발전했습니다. 당시 인구는 약 3만 명 정도였지요. 이후 상업뿐만 아니라 은행 업무 중심지로 성장하며 17세기

초까지 도시는 계속 영역을 넓혀 갔
고, 도시 내부에는 커다란 중심 운하
가 만들어지고 공원과 조선소가 들어
섭니다.

16세기 암스테르담 지도

　머릿속에 암스테르담을 그려 보
세요. 운하를 따라 세로로 높고 가로
로 좁은 건물들이 빼곡하게 들어서 있
는 모습을 상상해 봅시다. 당시 운하
들은 25미터의 폭으로 만들어졌는데,
이는 선박의 폭을 6미터로 산정해 총 4척이 나란히 지나갈 수 있
는 규모였습니다. 운하의 양안에 배들이 정박하여 물건을 싣고
내리는 동안에도 두 척의 선박이 서로 교차하며 지나갈 수 있게
계획된 것이지요.

　운하와 건물들 사이에는 일정한 너비의 공터가 만들어졌습
니다. 특히 운하에 인접한 천변 공지는 최소 18미터의 거리를 확
보해 하역 작업 등에 이용되었고 그 사이로 공원이 조성됐지요.

암스테르담 도시 정부는 운하를 건설할 재정을 확보하기 위해 주
변 필지를 일정한 간격으로 구획해 사람들에게 분양합니다.

암스테르담의 운하 ©Google Earth

토지를 분양받은 사람들은 그 위에 건물을 지었는데, 시는 이곳
에 만들어지는 건물들을 일정한 형태로 유지하기 위해 법으로 규
제했습니다. 이런 과정을 통해 우리에게 익숙한 암스테르담의 운
하변이 만들어진 것이지요.

　　암스테르담의 발전 과정은 앞에서 살펴본 빈의 쇤브룬 궁전
과는 대조적입니다. 도시 공간을 시각적으로 강조하고 연출해 군
주의 권력을 표출했던 빈과 다르게, 상인들의 실용적 가치에 기
반해 만들어진 암스테르담은 일정한 규모로 분할된 토지에 규칙
적이고 조밀한 건물들이 들어서 있습니다.

상인의 도시와 권력가의 도시는 어떻게 다를까?

도시는 누가 그곳의 권력을 소유했는지에 따라 다양한 모습으로 나타난다. 중세 이후에는 상인들이 부를 축적하며 도시의 중요한 계급으로 성장했는데, 이들은 실용적인 가치를 중시하며 귀족이나 봉건 영주들과는 다른 지향점을 가진 도시를 만든다.

1. 군주의 도시, 빈

- 도나우 강 상류에 위치한 오래된 도시. 강한 귀족 계급에 의해 지배되었다. 특히 쇤브룬 궁전에서는 강력한 권력이 물리적으로 표현된 모습을 확인할 수 있다.
- 전형적인 바로크 도시 계획
  ⟶ 궁전을 중심으로 정원에 격자와 다이아몬드 형태의 길 조성

2. 상인의 도시, 암스테르담

- 암스테르담은 상인들에 의해 성장하고 발전한 대표적인 도시다. 바다 가까이에 위치한 입지 조건을 바탕으로, 하천을 중심으로 운하를 개발하며 도시가 발전했다. 16세기에는 유럽 제일의 무역항이자 상업 도시로 성장했다.
- 과거에 있었던 성벽들 사이로 운하가 확장되었다.

운하 건설을 위한 재정 필요 주변 필지 분할 분양

암스테르담 운하변의 건물들

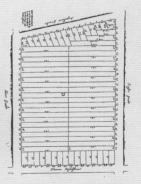

운하 주변 필지의 분할 계획도

8.
원형 광장과 대로들은
왜 만들어졌을까?

16C
바로크 시대 시작

유명한 도시들에서는 저마다 넓은 광장과 대로가 상징적인 역할을 하고 있습니다. 파리나 워싱턴 D.C.(Washington D.C.)의 중심부에서도 확인할 수 있는데, 특히 이 도시들은 바로크 계획으로 만들어졌습니다.

앞서 오스트리아 빈을 설명하며 바로크 계획에 대해 잠시 언급했지요. 바로크 계획은 종교 또는 정치 권력이 도시 공간에 반영되어 드러나는 방식으로, 르네상스 시기에 등장한 도시 건축 방식들이 더욱 적극적으로 적용됩니다.

바로크 계획의 특징으로는 곧은 직선 축과, 중심에서 시작해 사방으로 뻗어 나가는 방사형 도로가 있습니다. 정치적 권위가 공간의 형태로 변형되어 나타나는 모습이죠.

16세기경, 유럽에서는 강력한 왕권에 의한 통치로 권위적인 사회

질서가 확립되며 바로크 시대로 접어듭니다.

이 시기에 사람들은 성벽 안에 한정되었던 좁디좁은 시야를 넓혀 새로운 대륙의 광활하고 극적인 광경을 보게 됩니다. 천문학이 발달하고, 탐험가들이 신대륙을 발견하고 정복하기 시작하면서 말이죠.

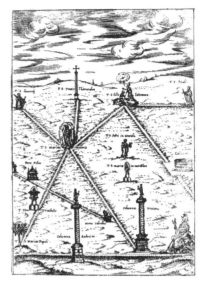

주요 기념물을 중심으로 새롭게 길을 계획하는 1588년 로마

이런 변화 속에서 공간을 바라보는 새로운 개념들이 싹텄습니다. 중세 도시의 무질서한 모습에서 벗어나 공간을 계획적으로 조직하려는 의식이 생겨나지요. 이때부터 길이를 강조하고, 멀리 떨어진 공간과 사물을 관찰자의 시각에서 명확하게 포착하기 위한 방법들도 등장합니다.

바로크 계획의 등장, 로마
바로크 계획은 르네상스 시기 예술가들의 기법들과 밀접한 연관이 있습니다. 앞선 시대에 발전한 예술 및 건축 표현 방식에서 영향을 받은 것이지요. 기술적으로는 망원경과 마차가 발명되어 먼 거리를 조망할 수 있게 되었고, 이동 시간을 단축하기 위해 넓고 곧은 길의 필요성도 깨닫게 됩니다.

바로크 도시 계획이 등장해 자리잡은 곳은 16세기 로마였습니다.

이 시기에 로마는 황제의 권위가 사라지고 강력한 교황이 등장해 종교의 중심지로 변화하고 있었습니다. 당시 교황이었던 식스토 5세(1521~1590)는 교회의 질서를 바로잡고 교황령을 되찾아 재정을 확보하는 동시에 제도를 혁신해 교황청을 정비합니다. 교황의 권위를 회복한 그는 도시에 질서를 부여하기 위해 정비 사업을 벌였고, 성 베드로 대성당 (Basilica di San Pietro)의 돔 지붕을 완성시켰지요.

이때 도시 정비를 담당했던 인물은 르네상스 후기의 건축가이자 공학자였던 도메니코 폰타나(1543~1607)였습니다. 그는 바티칸 궁전의 도서관과 교황의 처소를 비롯해 성 베드로 광장(Piazza San Pietro)의 오벨리스크(Obelisk)를 건립했습니다.

성 베드로 대성당의 돔 지붕과 채광창 채광창 아래에는 식스토 5세 때 완공되었다는 내용을 담은, 2미터에 달하는 거대한 글귀가 새겨져 있다.

바로크 계획에 따라 로마의 중요한 도시 공간에는 갈래길이 만들어지는데, 이처럼 중심점에서 세 갈래로 뻗어 나가는 길을 트리비움(Trivium)이라고 합니다.

광장이나 도시의 주요 장소를 중심으로 길이 방사형으로 뻗어 나가는 것은 바로크 도시 공간의 전형적인 형태입니다. 1530년대부터 트리비움이 만들어지고, 오벨리스크와 같은 공간의 중심 요소들이 등장하며 로마의 도시에도 기하학적 질서가 생깁니다.

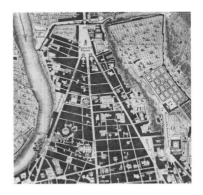

포폴로 광장 오벨리스크와 트리비움

다음 이미지를 함께 볼까요? 로마에는 종교의 중심지로서 바티칸 시티가 위치해 있고, 그 중심에 성 베드로 대성당과 광장이 자리잡고 있습니다.

세계에서 가장 큰 성당으로 유명한 성 베드로 대성당은 로마에서 가장 중요한 종교 건물입니다. 그 앞 광장의 중앙 전면부에서 시작되는 넓은 직선 도로는 별 모양의 대지 위에 자리한 하드리

성 베드로 대성당　　성 베드로 광장　　　　　　　산탄젤로 성

바티칸의 성 베드로 대성당과 도로들 광장에서 시작되는 도로는 테베레 강을 건너
도시의 서쪽과 남쪽으로 향한다. ⓒGoogle Earth

아누스 영묘와 연결되지요. 이 원형 건물은 하드리아누스 황제
(76~138)가 자신의 무덤으로 쓰기 위해 135년에 짓기 시작했고,
그가 사망한 지 1년 후인 139년에 완공되었습니다. 지금은 산탄
젤로 성(Castel Sant'Angelo, 천사의 성)이라고 불리고 있지요. 성 베
드로 대성당의 전면 대로는 광장에서 뻗어 나와 산탄젤로 성을
지나 테베레 강으로 연결됩니다.

테베레 강을 건너면 도시의 동쪽에 위치한 로마 역사의 중심지, 포폴로 광장(Piazza del Popolo)이 나옵니다.

이탈리아어로 '민중의 광장'을 뜻하는 포폴로 광장은 테베레 강과 핀초 언덕 사이에 위치하는데, 광장의 남쪽에서 시내로 이어지는 세 갈래의 길을 볼 수 있습니다. 바로 트리비움이지요.

광장의 중심에는 아우구스투스 황제(B.C. 63~A.D. 14)가 이집트에서 가져온 오벨리스크가 세워져 있습니다. 광장의 북쪽에는 포폴로 문이 자리잡고 있는데, 이 문은 로마에서 북쪽으로 뻗

포폴로 문 포폴로 광장 코르소 거리

포폴로 광장과 트리비움 포폴로 광장을 중심으로 형성된 트리비움은 로마의 공간적 체계를 만들어 준다. ©Google Earth

어 나갔던 플라미니아 가도로 연결되는 관문이기도 합니다. 지금은 포폴로 문 북쪽으로 플라미니오 역사가 자리하고 있습니다.

광장에서 남쪽으로 이어지는 세 갈래 길 중, 가운데의 코르소 거리를 사이에 두고 쌍둥이처럼 거의 똑같이 생긴 두 성당이 나란히 있습니다. 오른쪽 성당의 쿠폴라(돔, 둥근 천장)는 둥근 원, 왼쪽은 살짝 타원의 형태인데, 이들은 광장의 중심에 서 있는 오벨리스크와 함께 넓고 평면적인 공간에 입체감을 줍니다.

바로크 계획은 이처럼 도시 공간에 질서와 체계를 만드는 것이 핵심적인 목표입니다.

중심이 되는 넓은 직선 대로를 만들고, 길들 사이에 큰 성당과 개선문처럼 수직적이고 상징적인 건축물을 축조해 도시의 수평축을 강조하는 동시에 중요한 기점도 만들어 냅니다.

포폴로 광장에서 도시의 서편을 바라보면 스카이라인 위로 우뚝 솟은 성 베드로 대성당의 돔 지붕이 보입니다. 광장의 중심인 오벨리스크 앞에 서면 서쪽의 바티칸과 성 베드로 대성당을 향해 대로가 쭉 뻗어 나가는 모습도 볼 수 있습니다. 식스토 5세와 도메니코 폰타나는 이런 방식으로 고대 도시였던 로마를 정비해 새로운 체계를 만들고, 동시에 교황의 권위를 나타냈지요.

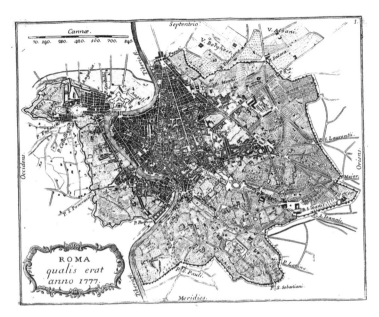

주요 직선 도로가 표기된 18세기 로마 지도

이후 18세기 로마의 지도를 보면 도시의 주요 건물을 중심으로 축을 이루는 직선 도로들과, 기념물을 중심으로 새롭게 계획된 길들, 그리고 그와 갈래길을 이루는 사선 도로들이 각각 사방으로 뻗어 나가는 모습을 볼 수 있습니다.

바로크의 도시, 파리

바로크 계획은 지금까지 살펴본 것처럼 로마에서 그 기원을 찾을 수 있습니다. 그러나 그 절정은 프랑스에서 확인할 수 있지요.

프랑스는 17세기 들어 유럽의 정치 사회 중심지로 성장하며 인구도 크게 증가합니다. 동시에 '태양왕'이라 불렸던 루이 14세(1638~1715) 같은 강력한 군주의 지휘하에 바로크 계획에 따른 도시 정비 사업들이 진행됩니다. 로마의 바로크 계획이 종교적 신성함과 교황의 권위에 바탕을 두고 있었다면, 프랑스의 바로크 계획은 절대 왕권의 주도로 실행됩니다.

루이 14세와 두 명의 나폴레옹 황제 시기를 거치며 프랑스에는 가로수가 늘어서 있는 넓은 대로와 길을 연결하는 광장이 만들어집니다. 대표적으로 파리의 중심축인 샹젤리제(Champs-Élysée)와 라 데팡스(La Défense)의 가로를 꼽을 수 있습니다.

프랑스는 바로크 계획을 국가 표준으로 삼아 왕실의 후원을 받으며 발전시키고, 더 나아가 국립 교육 기관인 아카데미와 보자르에서 교육을 통해 제도화합니다. 프랑스에서 제도화된 바로크 계획은 유럽 전역과 신대륙 미국까지 전파됩니다.

프랑스의 바로크 계획가로는 베르사유 궁전(Chateau de

Versailles)의 정원을 만든 르 노트르(1613~1700)와 파리의 행정 관직을 맡았던 오스만(1809~1891)이 있습니다. 특히 오스만은 나폴레옹 3세 때였던 1850년대에 급증하는 인구와 잦은 폭동으로 인해 비위생적이고 혼란스러웠던 도시를 정비하기 위해 넓은 대로를 설계합니다.

프랑스의 바로크 계획은 정치적 목적과 실용성이 결합되어 발전했다고 볼 수 있지요.

이때의 정비 사업을 통해, 넓은 대로에 의한 파리의 중심 가로축을 비롯해 불로뉴 숲(Bois de Boulogne)과 뱅센 숲(Bois de Vincennes), 오페라 가르니에(Opéra Garnier)와 중앙시장 레 알 등 시내의 유서 깊은 공원과 주요 시설들이 만들어집니다.

　　프랑스는 현대까지도 드골(1890~1970), 퐁피두(1911~1974), 미테랑(1916~1996) 등 강력한 권력을 행사한 대통령들이 재임하며 바로크 계획이 이어집니다. 특히 파리에서 그 모습이 가장 극적으로 나타나는데, 도심을 가로지르는 넓은 대로와 그 주변의 중요한 지점에 광장이 들어서 있습니다. 대표적으로 에투알 광장(Place de l'Etoile), 콩코르드 광장(Place de la Concorde), 도핀 광장(Place Dauphine), 보쥬 광장(Place des Vosges) 등이 있지요.

에투알 광장은 그 중심에 개선문(Arc de Triomphe)이 서 있는 곳으로 유명하며, 샤를 드 골 광장(Place Charles de Gaulle)이라고도 불립니다. 에투알은 프랑스어로 '별'을 의미하는데, 이곳에서는 원형 광장을 중심으로 길이 별빛처럼 뻗어 나가는 모습을 볼 수 있어요. 바로크식 도시인 파리에서도 가장 상징적인 곳이지요. 에투알 광장을 비롯한 파리의 몇몇 원형 광장들은 차들의 통행을 위한 교차로로도 이용되고 있습니다.

파리의 중심부인 루브르 궁전(Palais du Louvre)과 튈르리 정원(Jardin des Tuileries), 그리고 콩코르드 광장에서 시작되는 축은 개선문과 에투알 광장을 지나 파리시의 북쪽, 라 데팡스로 연결됩니다. 라 데팡스는 1950년대 후반에 건설된 업무 지구로 고층 건물들과 주요 기업 본사들이 들어서며 새로운 경제 중심지가 되었지요.

이곳에는 1989년에 프랑스 혁명 200주년을 기념하여 그랑드 아르슈(Grande Arche)라는 새로운 대형 건축물이 만들어집니다. 프랑스어로 '거대한 아치'를 의미하는 이 건물은 총 35층, 높이 110미터에 이르는 큐브 형태를 하고 있으며, 가운데는 빈 큐브가 든 것처럼 뻥 뚫려 있습니다. 이 빈 공간은 파리의 노트르담 대성당(Cathedrale Notre-Dame de Paris)이 들어갈 수 있을 정도로 넓으며 그 폭은 샹젤리제 거리와 비슷합니다.

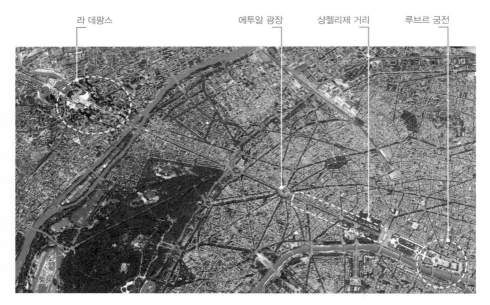

라 데팡스   에투알 광장   샹젤리제 거리   루브르 궁전

파리의 중심부 지도 루브르 궁전과 라 데팡스를 연결하는 도시의 중심축을 볼 수 있고,
그 중간중간에 광장이 위치한다. 광장은 주변의 또 다른 길을 중심 대로에 연결하며
도시의 질서를 만들어 낸다. ⓒGoogle Earth

라 데팡스의 그랑드 아르슈 높이 110미터의 정육면체에 가까운 형태로, 루브르 궁전에서
시작되는 중심축과 이어진다. 파리의 중심 가로수길을 적극적으로 연결시키기 위한
계획으로 덴마크의 건축가 오토 폰 스프레켈센(1929~1987)에 의해 설계됐다.

그랑드 아르슈는 처음부터 바로크 계획을 염두에 두고 설계되었습니다. 바로크 시기에 만들어진 파리의 대로와 개선문을 현대 기술로 재해석한 것이지요. 반투명한 유리와 흰색 대리석으로 덮인 외벽은 건물의 상징적이고 기하학적인 모습을 더욱 강조해 줍니다.

바로크 도시 계획의 특징은 로마와 파리의 사례에서 보았듯이 공간 안에 권력의 위상을 물리적인 형태로 보여 준다는 것입니다.

바로크 계획은 중앙 집권적인 권력과는 뗄 수 없는 관계에 있습니다. 오랜 세월에 걸쳐 이루어진 도시에 거대한 도로와 광장을 만들기 위해서는 과감한 의사 결정과 일사불란한 실행력이 필요하기 때문입니다. 바로크 양식을 대표하는 베르사유 궁전을 지을 때는 인근의 마을을 통째로 없애기도 했습니다. 강력한 권력이 뒷받침되었기에 가능한 일이었지요.

때로는 독재 정권이 지배했던 도시에서 바로크 계획이 나타나기도 합니다. 과거 프랑스의 지배하에 있었던 베트남의 도시에서도 비슷한 모습을 확인할 수 있어요.

바로크 계획은 20세기 들어 도시와 서로 영향을 주고받으며 발전합니다. 교통수단이 발달하며 교통의 흐름을 원활하게 하는 넓고 곧은 길이 만들어졌습니다. 이런 길은 도시의 경관을 감상할 수 있는 탁 트인 조망을 제공했고, 대로 주변으로는 광장과 같은 공공시설과 정원 등의 녹지가 조성되었습니다.

베르사유 궁전 계획도와 전경

원형 광장과 대로들은 왜 만들어졌을까?

바로크 계획은 종교 또는 정치 권력이 도시 공간에 적극적으로 개입되어 드러나는 방식으로 르네상스 시기에 등장한 도시 계획 원리들과도 관련이 있다. 바로크 계획의 가장 큰 특징은 강력한 직선 축과 중심에서 시작해 사방으로 뻗어 나가는 방사형 도로다.

1. 바로크 계획의 등장, 로마

- 16세기 로마는 황제의 권위는 사라지고 강력한 교황이 등장해 종교의 중심지로 변화했다. 당시 교황이었던 식스토 5세는 도메니코 폰타나를 기용해 로마의 도시 정비를 담당하게 한다.
- **트리비움** 중심점에서 셋으로 뻗어 나가는 갈래길. 바로크 도시 계획에 따라 로마의 중요한 공간에는 트리비움이 많이 만들어진다.

> 르네상스 예술가들의 혁신적 기법 ⇒ 바로크 계획의 밑바탕

2. 바로크의 도시, 파리

- 17세기 프랑스에서는 루이 14세, 나폴레옹 등 강력한 지배자들의 권력하에 바로크 계획이 발전한다.
- 프랑스의 바로크 계획은 국립 교육 기관 아카데미와 보자르에서 제도화되고, 유럽 전역과 신대륙 미국에까지 퍼져 나간다.
- **르 노트르** 베르사유 궁전을 만든 대표적인 바로크 계획가
- **오스만** 1850년대 파리의 행정 관직을 맡았던 인물. 도시에 질서를 부여하기 위해 넓은 대로를 계획해 도시 체계를 정비한다.
  ⇒ 프랑스의 바로크 계획은 정치적 목적과 실용성이 결합되어 발전했다.
- 바로크 도시 계획은 중앙 집권적인 강력한 권력과 뗄 수 없는 관계에 있었다.
  ⇒ 독재 정권이 지배했던 도시, 강력한 나라의 식민지에서도 바로크 계획이 나타나기도 한다.

9.

산업 혁명으로
도시는 더욱
살기 좋은 곳이 됐을까?

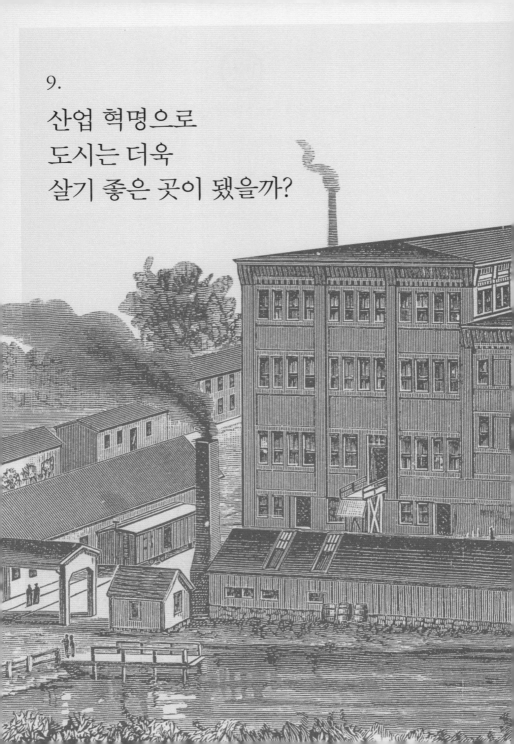

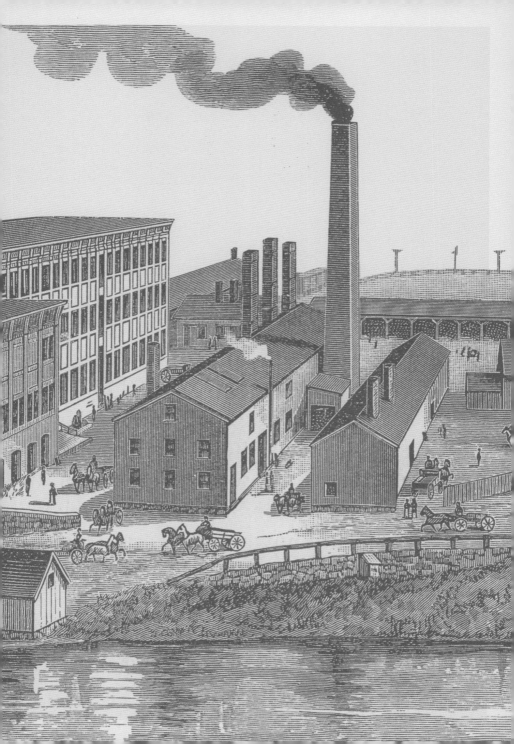

18C
산업 혁명

18세기 중반에 영국을 중심으로 발생한 산업 혁명은 인류사에서 가장 중요한 사건 중 하나입니다. 이 시기를 거쳐 사람들의 생활과 문화뿐 아니라 경제와 사회, 사상 등 모든 분야에 혁신적인 변화가 생깁니다. 산업 혁명은 곧 전 유럽을 거쳐 미국과 러시아까지 퍼져 나갑니다. 이때부터 물자의 생산이 크게 증가하고 교통과 통신 기술이 급속도로 발달해 근대 사회가 시작됩니다.

산업 혁명기에는 유기적인 방식의 수공업이 기계에 의한 대규모 생산 체계로 바뀌었습니다. 생산과 유통, 소비 구조에 따라 도시의 모습도 함께 변화하죠.

공장이 들어서자 과거의 성벽과 첨탑, 교회 지붕 대신 공장의 굴뚝과 연기가 하늘을

산업 혁명기의 도시 경관

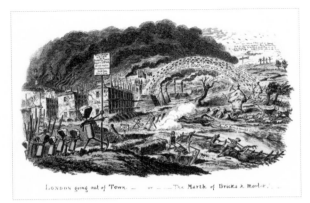

'The March of Bricks and Mortar'
1829년 삽화. 도시의 산업화를 위해
벽돌과 몰타르들이 행진하고, 가축과
나무 등 자연 환경이 피해를 입는
모습을 풍자적으로 표현했다.

장악합니다. 일자리를 찾는 사람들이 도시로 모여들었고, 공장에서 쓰고 남은 생산 자재와 원료의 찌꺼기, 쓰레기가 넘쳐나 다양한 환경 문제가 발생했습니다.

도시 환경이 악화되는 동안에도 기계와 공장에 의한 대규모 생산 방식은 점점 더 확산됩니다.

촌락 지역의 주민 공동체 문화와 도시 귀족들이 누렸던 상류층 문화는 모두 기계에 의한 공업화와 경제적 성공을 추구하는 문화로 변화합니다.

이 시기에는 인구가 크게 증가합니다. 과학과 의술이 발전해 사람들의 평균 수명은 35세에서 50세로 늘어났고, 출생률이 사망률을 앞서기도 합니다. 인구 구조에 변화가 생겨 어린아이들이 많이 늘어나지요.

영국의 인구 증가세를 살펴보면 1700년 무렵에는 6백만 명 정도였다가 1840년대에는 1천 5백만 명을 초과합니다. 이런 급격한 변화에 따라 인구의 이동과 재정착이 반복되며 도시로 유입하는 사람들이 늘어났고, 도시는 점차 주변부로 확장됩니다.

인구가 늘자 상품과 서비스에 대한 수요도 함께 증가합니다. 이런 현상은 대량 생산을 촉진하지요. 생산량이 늘어나자 공장주와 같이 생산 수단을 소유한 사람들이 쉽게 자본을 축적합니다. 이전 시기에는 상인과 수공업자들이 제품을 직접 가공하고 판매했는데, 이 시기부터는 자본가들이 부를 쌓게 된 것입니다.

공업이 도시 발전의 원동력이 되자, 그와 비례해 도시화도 함께 진행됩니다.

과거에 촌락이었던 곳이 도시로 변하고, 기존에 도시였던 곳은 대도시로 팽창합니다. 토지 소유주이자 생산자였던 농부들이 공장 근로자가 되며 임금 노동자라는 새로운 사회 계층이 형성되었죠. 산업 부문에서는 생산 양식에 변화가 생겨 방적기와 베틀 등 기계에 필요한 연료를 공급받기 위해 하천과 광산 주변으로 공장이 건설됩니다.

당시 기계들은 증기 기관으로 작동했습니다. 원동 부분이 샤프트(동력이 전달되는 막대 형태의 부품)에 연결되어야 하는데, 동력 전달 거리를 줄여 정해진 면적 안에서 효율을 최대한 높이기 위해 기계들을 일정한 거리 안에 배치해서 대규모로 설비하는 경향이 나타납니다.

교통수단이 발달해 원료의 공급이 원활해지자 공장들은 상품의 소비가 많은 도시 지역으로 이동합니다. 도시 주변부에 점차 공장이 늘어나고, 촌락의 인구는 경제적인 기회를 좇아 도시로 몰려들지요.

교통의 발전

상품과 그에 대한 수요가 증가하자 교통도 발전합니다.

이 당시에 등장한 배와 기차들은 증기 기관으로 작동했는데, 기존에 사람이나 가축의 힘을 이용했던 것보다 훨씬 큰 효율을 내며 산업 전반에 중요한 수단으로 자리잡습니다. 증기 기관 배와 기차들은 자원을 더 많이, 멀리까지 수송했고, 이들이 원활하게 이동할 수 있도록 운하와 철도가 만들어집니다. 건설 비용을 충당하기 위해 비용을 받는 유료 도로도 등장하지요.

교통수단의 발달은 시민들의 생활상도 바꾸어 놓습니다. 사람들은 이제 전보다 훨씬 짧은 시간 안에 각기 다른 지역을 오갈 수 있게 되었습니다. 거리와 이동 시간의 문제로부터 자유로워지자 장거리 여행도 보편화되었지요.

콘위 현수교 1800년대 초반, 건축가 토마스 텔포드(1757~1834)는 영국 웨일즈 콘위에 99.5미터 길이의 현수교를 건설했다. 이 다리 위에는 중세 성벽의 입구에 있었던 것과 비슷한 여러 시설들이 만들어졌고, 다리 건설에 소요되는 비용을 충당하기 위해 통행료를 징수했다.

이동 속도는 어떻게 변했을까요? 1760년대에 역마차는 시속 약 8킬로미터로 이동했다고 합니다. 그러나 1820년대에 포장 도로가 만들어지자 시속 14킬로미터, 1860년대에 널리 보급된 기차는 무려 시속 60킬로미터의 속도를 내며 이전에는 상상도 못했을 정도로 짧은 시간 안에 장거리 이동이 가능해집니다.

런던의 킹스 크로스 역사(King's Cross)는 산업 혁명기 이후에 발전한 철도의 모습을 보여 줍니다.

이곳은 1852년에 영국의 북쪽 교외 지역과 런던을 연결하기 위

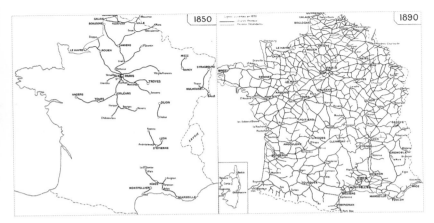

프랑스의 철도 확장 1850년대에 파리를 비롯해 프랑스 남부의 주요 도시인 님, 몽펠리에(Montpellier), 그리고 마르세유(Marseille)에 철도가 건설된다. 1890년대에는 전국을 모두 연결하는 철도망이 만들어진다.

해 건설되었다가, 시간이 지나 1970년대에는 복합 역사로 개발되어 시내로 향하는 지하철이 이어집니다. 도시 외곽과 시내 모두로 연결되는 교통 중심지가 되자 유동 인구가 늘어 역사 앞 광장에는 시장과 같은 상업 공간이 조성됩니다.

킹스 크로스 역사는 리노베이션 공사를 거치면서도 처음 모습을 계속해서 유지하고 있는데, 최근에는 소설로 출간되고 영화로도 제작되어 인기를 끈 〈해리 포터〉 시리즈 촬영지로도 알려져 런던을 찾는 관광객들의 주요 방문지가 되고 있지요.

영화에서 해리가 마법학교 호그와트로 떠나기 위해 9와 4분

의 3 승강장에서 기차를 타는 장면을 바로
이곳에서 촬영했습니다. 이곳은 기념품
을 사고 사진을 찍으려는 관광객들로 항
상 붐비는 명소입니다. 1850년대에 런던
에 지어진 이 역사는 당시 런던 시민들에
게 신세계로 떠나는 마법 같은 장소로 느
껴지지 않았을까요?

런던의 킹스 크로스 역사

늘어나는 인구와 도시 문제

도시의 변화에 따라 발생하는 여러 문제들을 해결하기 위해 도시
계획과 제도에도 변화가 생깁니다. 이전에는 자연과 환경에 의해
발생하는 여러 문제들을 피할 수 없으니 받아들여야 한다는 생각
이 지배적이었으나, 기술이 발전하자 체계적인 계획과 개선된 행
동으로 문제를 해결할 수 있다는 믿음이 생긴 것이지요.

산업 혁명 이후에 등장한 도시 문제들은 특히 하층 계급, 즉 도시
노동자들이 거주하는 지역에서 더욱 심각하게 나타났습니다.

당시의 도시 문제들은 주로 주거와 위생에 관련된 것이었습니

다. 좁고 열악한 환경에서는 전염병이 발생하기 쉬운 탓에 1830
년 무렵에 유럽 전체에 콜레라가 창궐했고, 전염병을 막기 위해
보건위생법이 제정되지요. 영국과 프랑스에서는 각각 1848년,
1850년에 관련 법이 제정됩니다.

사람들의 계획과 행동으로 여러 문제들을 해결할 수 있다는
생각은 당시 유럽 전역에 퍼져 있었던 계몽주의 사상과도 연관이
있었습니다.

계몽주의는 이전의 구시대적인 의식을 타파하려 했던 혁신
적인 사상 운동이었는데, 세상의 다양한 이치와 정치 제도, 사유
등을 이성적이고 실증적으로 조사하고 확인할 수 있으며 새롭게
변화할 수 있다고 생각했습니다. 당시 과학과 기술의 발전에 따
라 사람들의 합리적인 사고와 이성을 중시하게 된 것이지요.

다양한 계획과 방안을 세워 문제를 해결하려 노력했지만,
여전히 촌락에서 유입되는 사람들이 있어 도시 인구는 지속적으
로 증가합니다. 주거 환경은 계속해서 열악해지지요. 많은 사람
을 수용하기 위해 좁고 조밀한, 일조 조건도 나쁘고 특색 없는 건
물들이 만들어집니다. 외부 공간은 점차 협소해져 쓰레기로 넘쳐
나고 개방 공간이나 정원 등 기반 시설이 부족해집니다.

계속해서 주택이 부족해지자 사람들은 철도 교각 아래의 남
겨진 땅에도 집을 짓고 거주합니다. 이때부터 열악해진 주거 환

경을 개선하는 것이 도시 계획의 중요한 목표가 되어, 주택을 개선하고 사람들이 휴식을 취할 수 있도록 개방된 녹지를 만들려는 움직임이 생겨납니다.

빈민층이었던 당시 도시 노동자들은 작은 단칸방에 8명 정도가 함께 거주했습니다. 한정된 토지에 좁은 주택을 많이 만들고, 더 많은 사람을 수용하다 보니 어쩔 수 없이 나타나는 모습이었지요. 열악한 환경에도 불구하고 빠르게 주택을 건설해 임대 수익을 올리기 위해 이런 형태의 개발 방식이 도시 전반에 퍼졌습니다.

열악한 환경에 더 많은 사람들을 수용하기 위해 침대 단위로까지 임대를 하며 문제는 점점 심각해집니다. 1890년 무렵에는 도시 외곽에 거주하는 인구 중에서도 10분의 1가량이 이런 침

철도 교각 아래의 빈민가 모습

뉴욕의 도시 노동자들 제이콥 리스(1849~1914)의 사진. 열악했던 당시 노동자들의 거주 환경을 보여 준다.

대 세입자였지요.

늘어난 인구를 수용하기 위해 부동산 개발이 증가하고 투기 현상도 발생합니다. 도시 내에 집을 소유하고 있던 부유한 사람들은 주택을 작은 방으로 나눠 도시로 몰려드는 이들에게 임대해 주고, 자신들은 외곽의 더 넓고 쾌적한 지역으로 거주 환경을 옮기기도 했습니다.

이상적인 도시를 위한 새로운 제안들

1815년 이후, 계속해서 심각해지는 도시 문제들을 해결하기 위한 새로운 제안들이 등장합니다.

당시 사상가들은 도시 문제의 발생 원인이 거대해진 규모와 너무 높아진 인구 밀도 탓이라고 생각했고, 이를 해결하기 위해 형태를 축소시켜 경제적 자립과 문화적 복합성을 이루려는 계획들을 세웠습니다.

영국의 부유한 산업가였던 로버트 오웬(1771~1858)은 500 헥타르의 면적에 1,200명이 거주할 수 있는 공동체 도시를 제안합니다. 중심부에는 공공건물, 공동 주방과 식당, 학교, 도서관,

회관, 녹지와 운동 공간 등을 만들고 그 주변부를 따라 정원이 있는 주택을 배치했지요.

인근에는 산업 시설, 창고, 세탁장, 양조장, 풍차, 도축장 등을 배치해 하나의 독립적인 단위로 도시를 계획합니다. 하지만 그의 계획은 당시 영국에서 받아들여지지 않았고, 결국 그는 1825년에 미국 인디애나 주의 토지를 매입해 자신의 계획을 실행합니다.

프랑스의 사회주의자 샤를 푸리에(1772~1837)도 이와 유사한 공동체 거주 시설을 구상합니다. 그는 250헥타르의 땅에 다양한 사회적 배경을 가진 1,620명의 사람들이 함께 생활할 수 있는 공동 주거지, 팔랑스테르(Phalanstère)를 고안합니다. 건물의 중앙

로버트 오웬의 제안대로 묘사된 공동체 도시

에 중정을 두고 베르사유 궁전과 유사한 ㄷ자 또는 오메가(Ω)와 같은 형태로 계획되지요.

샤를 푸리에의 팔랑스테르에서 아이디어를 얻은 장 바티스트 고댕(1817~1888)은 노동자를 위한 주거 시설로 파밀리스테르(Familistère)를 제안합니다. ㅁ자 형태의 거대한 집합 주택으로, 극장과 세탁소, 목욕탕, 작업실과 같은 공공시설들도 포함되어 있었습니다.

파밀리스테르는 프랑스 북부의 기즈(Guise)라는 곳에 만들어져 사회 주택의 시초라고 불립니다. 건물의 모습을 보면 가운데에 커다란 공간이 비어 있지요. 이 공간을 유리로 덮어 야외 같은 중정을 만들었습니다. 채광, 환기, 외부 공간의 부재 등 당시의 주택 문제들을 해결하기 위한 구조였지요.

파밀리스테르가 노동자를 위한 공동 주택으로 상당한 성공을 거두자 1800년대 중반 프랑스, 영국, 러시아와 미국 등에서도 유사한 형태의 공동체 주택들이 만들어집니다.

위에서 언급한 세 인물들은 새로운, 어찌 보면 다소 비현실적이고 유토피아적인 환경을 구상했습니다.

그러나 이들의 이상적인 공동체 주거지와 도시에 대한 사상들은 이후에 등장하는 주택 계획에 중요한 영향을 미치며 변화를 이끌

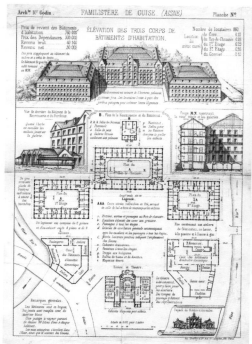

(왼쪽) **기즈의 파밀리스테르 도면**
(오른쪽) **파밀리스테르의 중정** 조밀한 주거 환경의
문제를 해결하기 위해 가운데에 넓은 중정이
만들어진다.

어 냈지요.

이들의 계획은 근대 시기의 기술, 기능주의자들의 실용적인 생각
들과 만나며 현대의 주거 환경으로 발전합니다. 한정된 면적에서
외부 공간과 적절한 일조량을 누릴 수 있는 아파트 단지가 등장
하지요. 아파트 단지는 많은 사람에게 효율적으로 주택을 제공할

수 있다는 장점을 바탕으로 현대적인 주거 형태로 널리 퍼져 나
갑니다.

산업 혁명으로 도시는 더욱 살기 좋은 곳이 됐을까?

18세기 중반, 영국에서 산업 혁명이 시작된 이후 도시 문제들이 발생한다. 산업 혁명은 곧 전 유럽을 거쳐서 미국과 러시아까지 퍼져 나가 사람들의 생활 모습과 환경뿐만 아니라 도시 계획에도 큰 영향을 끼친다.

**1. 산업
혁명으로 인한
변화**

유기적인 방식의 수공업 ➡ 기계에 의한 대규모 생산 체계

생산, 유통, 소비 구조의 변화 ➡ 도시 모습의 변화

평균 수명 증가, 사망률 감소 ➡ 도시 인구 크게 증가

2. 교통의 발전 증기 기관을 이용한 배와 기차가 발달하며 교통수단이 산업 전반에 중요한 역할을 한다. 사람들은 짧은 시간 안에 더 먼 곳을 오갈 수 있게 되었고, 장거리 여행도 보편화된다.

**3. 늘어나는
인구와 도시
문제**

- 발전된 기술과 계몽주의 사상의 영향으로 사람들은 체계적인 계획과 개선된 행동으로 환경 문제를 해결할 수 있다고 믿게 되었다.
- 인구가 증가하자 그들을 수용하기 위한 작고 조밀한 주택들이 많이 만들어진다. 많은 사람이 모여 살며 전염병이 창궐하자 보건 위생법이 제정되고, 환경 개선을 위한 다양한 시도들이 나타난다.

도시 변화에 따른 다양한 문제 발생 ➡ 도시 계획, 제도에 변화

**4. 이상적인
도시를 위한
새로운 제안들**

- **로버트 오웬** 도시 중심부에 공공 공간을 만들고 그 주변부로 정원이 있는 주택을 배치한다.
- **샤를 푸리에** 건물에 중정이 있는 형태로 베르사유 궁전과 유사하게 ㄷ자 또는 오메가 형태의 팔랑스테르라는 주거지를 제안한다.
- **장 바티스트 고댕** 팔랑스테르에서 아이디어를 얻어 ㅁ자 형태의 거대한 집합 주택인 파밀리스테르를 제안한다. 프랑스 북부 기즈라는 곳에 만들어져 사회 주택의 시초라고 불린다.

10.
근대 건축가의 아이디어는
어떻게 실현되었을까?

산업 혁명을 거치며 과학 기술이 급속도로 발전했고 경제적으로 윤택해졌다는 것은 부정할 수 없는 사실입니다. 그러나 그에 따른 부작용들도 만만찮게 발생했지요. 주거의 질 문제, 빈익빈 부익부 현상 등 현대 사회에도 여전히 해결하기 어려운 문제들이 당시에 등장하게 되었습니다.

19세기, 산업 혁명 이후에 여러 국가들은 그에 따른 폐해로 몸살을 앓았습니다. 도시와 주거 환경은 계속해서 악화되었고, 교통량이 증가하며 또 다른 문제들이 발생했습니다. 1900년대 초반까지 계속해서 이런 상황이 지속되었죠.

그래서 근대의 도시 계획가들은 도시 내 거주 환경과 각종 사회 문제를 어떻게 해결할지 깊이 고민했습니다. 이때부터 건축가들은 발전된 기술과 계획을 통해 새로운 도시와 주거지를 만들고자 합니다. 이른바 근대적인 도시 공간을 만들기 위한 방법들을 주장한 것이죠. 이들은 당시에 등장한 기술들로 도시 환경을 바꿀 수 있다고 확신하기 시작합니다.

이 시기에 사회에는 많은 변화가 있었습니다. 건축과 교통 분야도 마찬가지였죠. 우선 건축 분야에서는 철골과 대형 유리가 본격적으로 사용되기 시작합니다. 한편, 교통과 통신이 발달해 자가용과 전화기가 보급되자 이동 거리와 시간이 짧아지며 도시의 영역은 점차 확장됩니다. 모두 혁신적인 기술 발전이었죠. 이를 토대로 근대의 계획가들은 위생, 채광, 통풍 등 최소 기준이 충족되는 쾌적한 주거 환경을 갖춘 공동체 사회를 만들어야 한다고 주장합니다.

저소득 계층도 열악한 단칸 다락방과 조밀한 건물 사이의 비좁은 중정에서 벗어나 넓은 녹지로 둘러싸인 쾌적한 아파트 단지에 살게 하고, 가난한 사람과 부유한 사람이 같은 도시 공간에서 거주하는 계층의 융합을 추구한 것이지요. 사회 계층 사이의 위화감을 줄이고자 했던 근대적인 도시 설계 방식은 빈곤층을 위한 주거지와 도시 중심부 개발, 대도시 경계에 새롭게 조성된 거점 도시들과 도로 계획에 많은 영향을 미쳤습니다.

당시의 근대 계획가들이 주장했던 방법들은 오늘날까지 이어져 녹지 공간, 주차장이 있는 아파트 단지에도 남아 있습니다. 근대 계획가들이 고뇌했던 결과물이 바로 우리가 지금 살고 있는 도시까지도 연결되었죠. 그 대표적인 예로 기능에 따라 구분되는 도로가 있습니다.

근대 건축가들의 활동

근대의 도시 설계는 1928년 스위스에서 시작된 근대건축국제회의 (Congres Internationaux d'Architecture Moderne)에서 그 이론이 체계화되고 전파되었습니다.

이 조직은 유럽의 근대 건축가들이 주축이 되어 만들어졌는데, 그중 대표적인 인물로 스위스 출신의 프랑스 건축가 르 코르뷔지에와 이론가인 지그프리트 기디온(1888~1968) 등이 있습니다. 기디온은 근대건축국제회의의 사무총장으로서 회의를 조직하고 올바른 방향을 제시하기 위한 저술 활동을 주로 하였고, 르 코르뷔지에는 실무 건축가로서 근대적인 도시 설계 구상을 현실로 구현하기 위해 애썼던 인물입니다. 르 코르뷔지에에 대한 이야기는 뒤에서 더 자세히 다루도록 하지요.

이들은 근대 도시 설계 이론과 방법들을 전시회와 간행물, 보고서 등을 통해서 열정적으로 널리 퍼트렸습니다. 오늘날의 여러 도시들이 이들의 제안에서부터 출발한 것이라 해도 과언이 아닙니다. 하지만 그들이 추구했던 대규모 주택 단지들은, 보다 나은 주거 환경을 요구하는 현시대에는 최선으로 받아들여지지 않고 있습니다.

당시 건축가들은 건축물의 기능과 실용성을 가장 중요시했습니다. 산업과 기술의 비약적인 발전에 영향을 받은 것이었지요. 이들은 건물이 용도에 따라 설계되는 기계와 같아야 한다고 생각했습니다.

> **"주택은 살기 위한 기계다."** —르 코르뷔지에

건축가들은 당시 널리 보급되기 시작했던 재료인 철과 유리를 많이 사용했습니다. 자신들이 추구하는 디자인이 도시 설계와 건축 분야에서 보편적으로, 세계 어디서나 유용하게 사용될 수 있다는 믿음을 갖고 있었지요.

르 코르뷔지에 이외의 대표적인 근대 건축가로는 발터 그로피우스(1883~1969), 미스 반 데어 로에(1886~1969) 등이 있습니다. 특히 발터 그로피우스는 바우하우스(Bauhaus)라는 건축 학교의 초대 교장을 역임하며 근대 건축 교육의 기틀을 마련하기도 합니다. 그는 데사우(Dessau)로 이전하는 학교 건물을 직접 설계

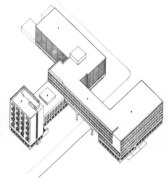

독일 데사우에 위치한 바우하우스 건축 학교 바우하우스는 공예와 기술을 접목해 예술성과 기능성을 두루 갖춘 건축 디자인 교육을 추구하였다.

바우하우스 조감도 강의동, 작업실, 기숙사 등 기능에 따라 구분되어 배치된 동들을 사무실과 식당 등이 다리와 같은 형태로 연결하고 있다.

해 자신이 추구하는 건축의 방향성을 보여 주었습니다.

미스 반 데어 로에 역시 바우하우스의 교장직을 맡으며 근대 건축에서 중요한 역할을 했습니다. 그는 건축의 기능을 중요시하고 장식을 배제한다는 신념하에, 'Less is more.(적을수록 좋다.)'라는 유명한 말을 남기기도 했습니다.

근대건축국제회의의 등장과 그에 따른 근대 건축 운동은 1920년대부터 본격적으로 시작되었지만, 사실 그 이전부터 조금씩 싹트고 있었습니다. 1901년에 공개된 프랑스인 토니 가르니에(1869~1948)의 계획안에서 그 시도를 찾아볼 수 있습니다.

1901년, 토니 가르니에는 공장 노동자들의 주거를 위한 산업 도시 계획안 전시를 엽니다. 이후 그는 도면들을 모아 1917년에 자신의 프로젝트를 출판해서 세상에 알렸습니다. 가르니에의 구상은 말 그대로 혁신이었지요. 전통적인 옛 건축에서 계승되었던 형태와 장식들을 배제하고, 콘크리트로 만들어진 건물들을 제안했습니다.

1922년, 이런 변화의 흐름 속에서 르 코르뷔지에는 현대 도시 계획안을 발표해 세상을 놀라게 합니다. 그가 제시한 안에는 도시 중앙에 고속화 도로가 있고 그 주변으로 60층의 고층 건물들이 줄줄이 들어서 있었습니다. 늘어나는 자동차와 인구를 도시로 집중시켜 도심 혼잡을 완화하고, 운송 시스템을 개선하며, 더 많은 녹지 공간을 확보하기 위해서였습니다.

르 코르뷔지에의 안을 구체적으로 살펴보면, 교통의 흐름을 집중시키기 위해 고층의 업무 시설이 밀집한 도시 중심부에도 기차와 비행기로 접근이 가능하도록 설계했습니다.

자동차와 보행자는 서로 철저히 분리되었습니다. 도심의 가장 지하에는 장거리를 운행하는 철도 역사, 그 위에는 교외 철도와 지하철, 지면에는 보행로, 그리고 그 위에 차들이 빠르게 달릴 수 있는 고가 도로를 두고 있는 것이 특징입니다. 상층부에는 비행기가 자유롭게 다닐 수도 있지요.

업무 시설 주변으로는 넓은 외부 공간을 누릴 수 있도록 빌라 형태의 저층형 공동 주택을 제시했습니다. 이 주거용 건물들은 적절한 일조량을 보장받고, 주변의 녹지 공간을 공유하도록 구획되었습니다. 아울러 건물들 사이에 만들어진 좁은 도로와 답답한 중정을 없애고, 공기와 빛이 풍부한 주거지를 만들고자 했습니다.

1925년, 르 코르뷔지에는 앞서 발표했던 현대 도시 계획안을 파리 중심부에 적용하려는 시도를 합니다. 파리 중심부의 오래된 저층 건물들을 철거하고 고속 도로가 도시의 중심을 관통하며 그 주변부로 고층 타워를 설립하는 계획이었지요. 오래되어 기능적으로 낡아진 도시 중심부를 새롭게 정비하고자 했던 것입니다. 도시가 가지는 지역성과 역사성보다

르 코르뷔지에의 1925년 파리 중심부 계획안 모형 파리 중심부를 관통하는 고속 도로를 따라 고층 건물들이 들어서는 계획안을 제안했으나 받아들여지지 않았다.

기능을 중시하는 계획이었습니다. 만약 그의 계획이 구체적으로 실현되었다면 파리는 지금과 같이 고풍스러운 모습으로 남지 못했을 겁니다.

그는 자신이 생각하는 도시 설계 이론과 방법들을 『어바니즘』이라는 한 권의 책에 담아 대중에게 소개했습니다. 이 책은 프

랑스를 넘어 영국과 독일 등에서도 번역, 출간되는 등 화제가 되었습니다. 이를 통해 르 코르뷔지에의 근대 도시와 공간에 대한 구상이 전 세계에 널리 알려집니다.

1930년에 브뤼셀에서 세 번째로 개최된 근대건축국제회의에서 르 코르뷔지에는 기존의 계획안을 발전시켜 찬란히 빛나는 도시 계획안을 발표합니다. 이번에 그가 계획한 도시는 고층의 오피스 건물들이 중심부에 위치하고 주거 지역과 그린벨트(개발제한구역)가 그 주위를 둘러싼 대칭적인 형태였습니다. 노동자들의 주거나 산업 활동을 위한 건물들은 모두 그린벨트 외곽에 배치되었죠.

업무 시설들을 도시 중심에 밀집시켜 접근성을 높이는 동시

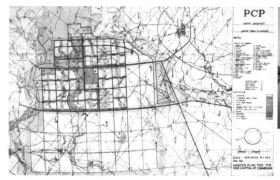

르 코르뷔지에가 설계한 찬디가르 의사당

찬디가르(Chandigarh)의 마스터플랜 르 코르뷔지에는 오랜 역사를 지닌 유럽의 도시에서 그가 원하는 변화를 실현시키지는 못했지만, 인도의 찬디가르에 그의 이념이 담긴 근대 도시를 계획했다. 커다란 직사각형 그리드의 슈퍼 블록으로 공간을 기능적으로 분할하는 구상이 담겨 있다.

에 이동을 줄이고, 주거지는 이들과 분리시켜 악영향을 최소화하고자 했지요. 도로는 그 기능에 따라 길이와 폭이 정해졌고, 고속화 도로는 중심부에 위치시키고자 했습니다. 공원과 녹지를 각기 다른 공간들 사이에 골고루 배치하는 것이 골자였습니다.

이렇게 기능과 용도에 따라 도시 지역을 구분하고 관리하는 르 코르뷔지에의 계획은 널리 수용되며 보편화됩니다. 오픈 스페이스에 의해 분리된 고층의 주거지가 현대 건축의 주류가 되어 도시 계획의 중요한 개념으로 자리잡습니다.

근대 건축의 원리

르 코르뷔지에의 구상은 근대 건축의 원리를 충실하게 보여 주고 있습니다.

이 시기 디자인의 가장 큰 특징은 건축물의 형태가 이전과는 다르다는 점입니다. 과거의 양식과 장식을 철저히 배제하고 기능에 충실한 건물을 만들려고 노력한 것이죠.

르 코르뷔지에는 자신의 아이디어에서 유래한 두 가지 요소를 근대 건축 개념으로 확장하기도 했습니다. 하나는 건물의 1층을 생략하고 지층부에 오픈 스페이스를 만드는 필로티(Pilotis) 개념이고, 다른 하나는 건물이 점유하는 부지의 형태로 꾸며 놓는 옥상 정원입니다. 그는 여기에 더해 가로로 긴 수평의 창과 자유로운 입면, 기둥이나 벽체와 같은 구조물에 방해받지 않는 자유로운 실내 평면도 제시했지요. 이것이 바로 르 코르뷔지에의 근대 건축 5원칙입니다.

그는 1923년에 출간한 저서 『건축을 향하여』에서 근대 건축 원리에 대해 설명하고 있습니다.

르 코르뷔지에의 이러한 원리들은 당시 새롭게 등장한 건축 기술의 결과라고도 할 수 있습니다. 철골 구조를 이용한 새로운 건설 기술의 등장으로 외피가 상부의 구조를 지지할 필요가 없어지면서 통유리 등 가벼운 재료로 벽체를 만들 수 있게 되지요. 현대의 커튼월과 같은 외벽이 가능해집니다. 또한 수평적으로 길게 열리는 창 덕분에 건축물 내부에 자유로운 평면을 만들 수 있게 됩니다. 특히 19세기

르 코르뷔지에의 도미노(Dom-ino house) 시스템 건물의 구조와 외피를 분리한 개념 스케치. 도미노 시스템은 근대적인 건축 기술이 혁신적인 방법이 되기를 바라며 집(Domus)과 혁신(Innovation)이라는 단어를 결합해 만든 명칭이다.

19세기 말 시카고(Chicago)의 철골 구조 건물 철골과 대형 유리가 건설에 본격적으로 사용되기 시작하면서 고층 건물들이 급속도로 늘어난다.

시카고 대화재 1871년 10월에 발생한 화재로 도시의 약 3분의 2가 피해를 입었다. 이후 건축가들은 화재 피해를 줄일 수 있는 건축 자재에 대해 고민하게 되었다. 이 시기에 시카고를 기반으로 활동했던 건축가들을 시카고 학파라고 부르는데, 이들은 2차 세계 대전을 피해 독일에서 건너온 근대 건축가들로부터 많은 영향을 받았다.

후반에 경제적으로 크게 성장한 미국 뉴욕(New York)에서 고층 건물에 대한 수요가 늘면서 강철 골조를 이용하는 건축 설계 방식이 많이 쓰이게 됩니다.

또 한 명의 유명한 근대 건축가였던 발터 그로피우스는 고층 건물이 저소득층을 포함한 모든 계층을 위한 주거 유형으로 적합하다고 주장합니다. 그는 1929년 10월 프랑크푸르트(Frankfurt)에서 '살기 좋은 주거'를 주제로 개최된 두 번째 근대건축국제회의에서 고층 아파트의 장점을 강조했습니다.

이는 개인 주택을 선호했던 당시의 보편적인 의식과 정면으로 충돌했습니다. 당시 대부분의 아파트들은 3층으로 제한되었고, 큰 도시에서도 4층을 넘지 않았죠.

발터 그로피우스는 논문을 통해 채광과 환기가 용이한 고층 건물들이 도시를 해체시키는 것이 아니라 분산시킬 수 있다고 설명하며, 아파트 형태의 주택이 가지는 장점을 강조합니다. 그는 당시 3~4층으로 건설되어 엘리베이터가 없는 주거 건물은 주택과 고층 아파트의 이점 중 어느 것도 제공하지 못한다고 비판했지요. 그가 주장한 고층 아파트는 현재 우리가 잘 알고 있는 일반적인 아파트의 모습으로 진화해 특히 인구 밀도가 높은 아시아의 여러 대도시로 퍼져 나갑니다.

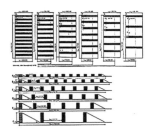

발터 그로피우스가 제안한
채광과 환기가 용이한 고층 건물
다이어그램

"고층 아파트는 채광과 인동 거리에 이점이 있으며, 넓은 외부 공간을 확보해 그곳에 놀이터를 만들 수 있다. 이는 대규모 인구에 적합한 미래의 주거 유형이다."
–발터 그로피우스

비슷한 시기에 독일에서는 미스 반 데어 로에를 중심으로 하는 17명의 근대 건축가들이 슈투트가르트(Stuttgart)에 근대적인 주거 단지를 계획합니다. 앞서 언급했던 르 코르뷔지에와 발터 그로피우스도 동참하여 근대 건축의 지향점을 보여 주는, 전시장 같은 바이센호프 주거 단지

바이센호프 주거 단지 내 공동 주택 르 코르뷔지에가 설계한 주택으로 지금은
바이센호프 박물관으로 사용되고 있다. 그가 주장했던 근대 건축의 원칙인 필로티와
수평으로 긴 창, 그리고 옥상 정원이 잘 드러난다.

(Weissenhofsiedlung)가 만들어집니다.

　　1920년대에 건설된 이 주거 단지는 우리에게도 상당히 익숙
한 모습입니다. 우리나라에서도 1960~1970
년대에 이러한 저층 복도형 아파트들이 많
이 만들어졌지요. 근대 건축가들의 도시와
주택에 대한 고민은 현대의 도시들에 지대
한 영향을 끼쳤습니다.

**1962년에 완공된 우리나라 최초의
단지형 아파트인 마포 아파트**

근대 건축에 대한 비판

한때 절대적으로 신봉받았던 근대 도시 계획 원칙들은 1960년대
에 들어서며 그 위상이 흔들립니다.

기능에 따른 도시 공간의 분할이 지역 갈등을 초래하고, 고층 공
동 주택과 고속화 도로가 지역 주민들 사이를 단절해 사회적 관
계 형성을 저해한다는 반발이 끊임없이 일어났기 때문입니다. 대
규모 개발을 유도하는 근대 도시 계획의 사업 방식이 지역의 역
사와 문화를 무시하고 거주민들의 의사를 반영하지 않는다는 반
발도 일었지요.

근대 도시 계획의 어두운 면모에 대해 말할 때 빼놓을 수 없
는 인물이 바로 제인 제이콥스(1916~2006)입니다. 그는 『미국 대
도시의 죽음과 삶』이라는 저서를 통해 당시에 주류를 이루던 근
대 도시 계획에 따른 개발의 문제점과 폐해를 지적합니다.

그는 자신이 거주하는 뉴욕의 그리니치빌리지(Greenwich
Village) 구역을 사례로 들어, 공원 주변에 배치된 고층 형태의 주
거지와 이를 관통하는 고속 도로가 주거지를 황폐하게 만든다고
비판했습니다. 동시에 이와 반대되는 전통적 방식의 설계가 더
인간적이라고 주장했지요. 무엇보다 제인 제이콥스는 보행 환경

의 중요성을 이야기했습니다. 도시 거주자들은 목적지까지 걸어 갈 수 있어야 하고, 이런 과정에서 지역 주민들이 서로 소통할 수 있다고 말입니다. 빠른 물자 이동을 위해서만 도로를 정비하는 게 아니라, 사람들 간의 관계 형성을 돕는 보행 환경을 조성해야 한다고 역설하죠.

더불어 근대 건축가들이 제시했던 대규모의 슈퍼 블록과 거 대하고 공허한 공원보다 아기자기한 쉼터와 소형 블록들이 도시 거주자들에게 자유로운 보행 경로를 제공해 준다고 말합니다. 무 엇보다 도시 개발은 빠르고 급진적이기보다는 점진적으로 진행 되어야 한다고 강조했는데, 사람들의 요구에 따라서 도시 공간의 용도도 진화하기 때문입니다.

제인 제이콥스는 낙후된 주거지도 시간이 지나면 다시 활기 를 찾을 수 있다고 믿었습니다. 그뿐만 아니라, 자원 낭비를 조장 하는 개발 문화와 도시 영역의 확장, 그로 인한 환경 파괴에 대해 서도 목소리를 높였습니다. 근대 도시 계획에 대한 이런 날카로 운 비판들은 지금은 하나의 중요한 규범으로 받아들여지고 있지 만 당시에는 상당히 급진적이었습니다. 1960년대에 이런 주장이 나왔다는 것은 놀라운 일이죠.

자신이 살던 주거지를 향한 애정 어린 시선에서 비롯된 제 인 제이콥스의 논리적이고 열성적인 저술 활동은 많은 사람의 공감과 호응을 불러일으키며 변화를 이끌어 냅니다.

덴마크 출신 건축가인 얀 겔(1936~) 또한, 차량을 위한 도로와 주차 공간이 아닌 보행자가 중심이 되는 도시 개발을 주장합니다.

제인 제이콥스가 지역의 커뮤니티 형성을 위해 걷기의 중요성을 주장했듯이, 얀 겔 역 **"삶은 보행으로부터 비롯된다."** —얀 겔

시 보행 환경이 잘 조성된 전통적인 도시가 갖는 장점에 대해 이야기했지요. 사실 이러한 보행자 중심의 도시 계획은 고층 건물들 사이를 고속화 도로로 연결해야 한다는 르 코르뷔지에의 주장과는 상반됩니다.

보행자를 중심으로 하는 이런 경향은 당시 등장했던 역사 보존 운동과 주민 참여형 계획과 함께 어우러지며 목소리를 냈습니다. 근대적인 도시 계획에서 벗어나야 한다고 말이죠.

1900년대 초반에 등장했던 근대 건축과 도시 계획들은 현대 도시를 만드는 데에 지대한 영향을 미쳤습니다. 그러나 1960년대 이후에는 이에 대한 비판이 등장해 건축계의 판도를 뒤흔들기 시작했습니다. 아울러 최근에는 진화하는 도시 환경에 맞춘 다채로운 이론이 나오면서, 현대에 맞는 새로운 도시 계획에 대한 논의가 이루어지고 있습니다.

근대 건축가의 아이디어는 어떻게 실현되었을까?

산업 혁명 이후, 계속해서 도시 환경이 악화되자 근대 건축가들은 이를 해결하기 위해 새로운 기술과 자재를 이용한 실용적인 건축 방식을 주장했다. 그러나 1960년대부터 이들의 근대 도시 계획 원칙에 대한 비판이 제기되기 시작한다.

1. 근대 건축가들의 활동

- **르 코르뷔지에** 스위스 출신의 프랑스 건축가. 기능과 용도에 따라 도시 중심에 업무 시설을 밀집시키고 주변으로 저층형 공동 주택을 제시하는 건축안을 발표했다.
- **발터 그로피우스** 건축 학교 바우하우스의 초대 교장. 데사우로 이전하는 학교의 건물을 직접 설계했다.
- **미스 반 데어 로에** 건축의 기능을 중요시하고 장식을 배제해야 한다고 주장하며, 'Less is more.(적을수록 좋다.)'라는 유명한 말을 남겼다.
- **토니 가르니에** 공장 노동자들의 주거를 위해 콘크리트로 만든 건물을 제안했다.

2. 근대 건축의 원리

- **르 코르뷔지에의 근대 건축 5원칙** 지층부에 오픈 스페이스를 만드는 필로티, 건물 부지 형태의 옥상 정원, 가로로 긴 수평의 창, 자유로운 입면, 자유로운 평면.
- **발터 그로피우스**는 고층 건물이 채광과 환기에 용이해 주거용 공간으로 적합하다고 주장했다.
  ⋯→ 오늘날의 고층 아파트로 발전

3. 근대 건축에 대한 비판

- 미국의 도시 계획가 **제인 제이콥스**와 덴마크 출신 건축가 **얀 겔**은 보행 환경의 중요성을 역설하며 기능에 따른 도시 공간 분할, 고층 주택, 고속화 도로 등이 사회적 관계 형성을 저해한다고 비판한다.
- **제인 제이콥스의 주요 주장들** 보행을 통한 만남과 소통, 보행을 유도하는 가로, 소규모 블록, 점진적인 개발

미래 도시의 거울, 역사 도시

새로운 도시의 모습

책을 쓰고 있는 이 시점에도 코로나 팬데믹 상황은 좀처럼 끝날 기미가 보이지 않습니다. 중세 유럽에도 전염병이 휩쓸었던 때가 있었지만, 당시에는 감염을 피하기 위해 도시에서 지방으로, 외딴 곳으로 도피가 가능했습니다. 그러나 국제적인 이동이 보편화된 지금은 지구 반대편에서 발생한 바이러스가 여러 나라를 휩쓸며 빠른 속도로 전파됩니다.

문화의 전파도 마찬가지입니다. 특정 지역에서 발생한 대중문화는 인터넷과 이런저런 소셜 네트워크 서비스를 통해 순식간에 전 세계로 파고듭니다. '강남'이라는 한국의 특정 지명이 케이팝과 유튜브 영상에 힘입어 전 세계에 알려지게 된 것도 하나의 예시죠. 현대의 초연결 사회는 공간과 시간의 개념을 새로이 만들고 있습니다.

또한, 예기치 않은 팬데믹의 창궐로 인해 이제는 새로운 변화, 즉 뉴노멀의 시대로 접어들고 있습니다.

가상 현실이라는 개념이 등장해 자리를 잡은 지도 꽤 오랜 시간이 지났고, 공상 과학 영화의 소재로 종종 등장했던 신기술도 이제는 우리들의 일상과 현실 속에서 친숙하게 이용되고 있습니다. 더불어 일상화된 비대면은 사람들에게 비접촉의 새로운 생활 방식을 요구합니다. 비대면 환경 속에서도 다양한 산업 분야에서 나름의 일상을 유지하기 위해서 새로운 상호 작용 방식을 만들어 내고 있습니다. 이제 게임 속에서 아바타를 만들어 타인들과 소통하기 시작했고, 물리적 접촉이 배제된 가상 교실에서 다른 학생들과 함께 수업을 듣습니다. 그뿐만 아니라 가상의 쇼핑몰에서 명품을 구경하기도, 살 집을 구매하기도 합니다.

이러한 시대적 변화는 기존의 도시 공간에 대해서도 다른 방식으로 접근하게 합니다. 외부로부터 보호가 중요했던 때에는 견고한 벽을 쌓았고, 이동 속도가 중요했던 때에는 쭉 뻗은 매끈한 도로를 만들었습니다. 그리고 많은 사람이 살 집이 필요했던 때에는 높고 조밀한 주택을 건설했습니다.

각기 다른 시대와 그에 맞는 도시 공간들을 거쳐 지금 우리는 또 다른 상황에 직면해 있습니다. 눈에 보이지 않는 위험으로부터 스스로를 지키기 위해 사람들은 자기 자신을 가두는 선택을 하고 있습니다. 이전 세상과는 확연히 다른 인간 관계의 방식은, 모든 분야에서 변화를 일으키고 있지요.

연구자들은 갑작스러운 자연 재해를 예측하거나, 불확실한 변화를 예상하기 위해서 현실과 동일한 가상의 도시 공간을 만들어 놓기도 합니다. 이를 디지털 트윈이라 하죠. 가상 도시의 시뮬레이션을 통해 현실 도시의 변화를 예측할 수 있습니다.

하지만 이러한 기술적인 변화 속에서도 사람들의 기본적인 생활 방식과 욕구들은 꾸준히 이어질 것이라고 생각합니다. 오래된 도심의 시장이나 상점 거리를 거닐거나, 아바타를 이용해서 가상 현실 속 유럽의 쇼핑몰을 걷는 것은 모두 본질적으로는 필요한 물건을 구매하려는 욕구 때문인 것처럼요.

(왼쪽)**디지털 트윈 서울 S-Map** 가상으로 만들어진 서울시에서 바람의 흐름을 시뮬레이션한다. 디지털로 현실과 똑같이 만들어진 가상의 도시는 실제 도시에서 발생할 수 있는 일들을 알려 주는 역할을 한다. 서울시는 도시 관리를 위한 의사결정과 건축물 계획에 디지털트윈 S-Map을 활용한다.
(오른쪽)부동산 플랫폼 직방이 개발한 메타버스 속의 공간. 직원들은 가상 세계의 회사 건물에서 업무를 본다.

지금의 가상 세계에서는 타자와의 연결성이 강조되고 있지만, 언젠가 그곳에도 바이러스가 퍼진다면 중요한 거점마다 중세의 성벽과 같은 방어 시설을 만들어야 할지도 모릅니다.

이처럼 도시를 구성하는 요소와 속성들은 사람들의 활동이 지속되는 한 그 모습이 조금 달라지거나 새로운 기능이 접목되기는 하겠지만, 생활 공간을 유지하고 작동시키기 위해서 존재한다는 사실만은 변하지 않을 겁니다.

그래서 도시는…

유명한 도시들에는 고유한 역사가 담겨 있습니다. 도시는 인류의 생존을 이어가기 위한 정주 환경에서 출발했습니다.

도시는 긴 역사적 흐름 속에서 저마다의 문명적 특성이 반영되어 생성되었습니다. 또한, 각각의 도시와 문명들은 상호 교류하고 서로 영향을 주고받으며 발전했습니다. 특정 지역에서 발생한 도시의 형태가 비슷한 맥락 속에 수용되고 함축되며 다른 도시들에서도 나타나게 됩니다. 특히, 산업 혁명 이후에 급속도로 발전한 교통수단은 도시 간의 교류와 변화를 가속화했고, 인터넷을 통한 현대의 초연결 사회에서는 이러한 공간적 교류가 더욱 빠르게 나타나고 있습니다.

온라인 가상 세계에서 또 다른 '나'를 만들어 지구 반대편에 있는 친구와 함께 게임을 즐기는 것이 가능한 현실입니다. 그곳에서 일어나는 일들에는 현실의 문화도 반영되어 있습니다. 우리는 그곳에서 여전히 집을 짓고 경작을 하며, 동료를 모아 사냥을 하고 전쟁을 벌이기도 합니다. 또한, 현실의 이벤트가 반영되어 가상 공간 안에서 공연이 열리기도 하고 추모를 하기도 합니다. 기술의 발전에 힘입어 탄생한 또 하나의 세상은 앞으로도 지속적으로 발전하겠지만, 현실 세상과 지속적으로 영향을 주고받으며 변모하리라 생각합니다. 가상 공간과의 접목을 통해 현실 공간에서 일어나지 않는 일들을 체험하는 것이 가능해지고, 가상의 공

가상의 공간은 현실에서 얻을 수 없는 즐거움을 준다. 게임 속의 메타 유니버스는 영원한 즐거움을 담아 두기 위한 또 다른 신화 속의 도시, 미로 속의 도시가 아닐까?

간은 점차 현실처럼 발전하게 될 것입니다.

책에서 다루는 도시건축은 도시의 역사에 따라 서술되어 있지만 동시에 인류 역사와 문명의 변화기에 따른 시대적 흐름을 이야기하고 있기도 합니다. 인류 문명의 변화는 도시 공간 속에서도 함께 나타나고 있는데, 결국 도시는 사람들의 기본적인 생활과 의식을 담고 있는 공간이기 때문입니다.

이 책은 몇 학기 동안 대학에서 진행한 '세계도시건축의 이해'라는 강의 내용을 묶은 것입니다. 가상과 현실의 경계를 초월하는 메타 유니버스가 언급되는 지금 시점에서는 과거에 갇힌 먼 옛날 이야기처럼 느껴지는 부분도 있습니다. 그러나 미래를 내다보는 거울은 언제나 과거이듯이, 새롭게 만들어질 도시들도 그 맥락과 본질은 과거로부터 출발한 것이라 생각합니다.

다가올 미래의 도시들을 상상하고 엿보기 위해서는 지나간 도시들을 살펴보는 것부터 시작해야 하지 않을까요?

도판 출처

31쪽 archdaily.com
33쪽 oma.com
44쪽(왼쪽) ©John Swogger
44쪽(오른쪽) ©Murat Özsoy 1958
45쪽 ©Elelicht
46쪽 goturkiye.com
55쪽 ©Hardnfast
56쪽(아래) ©Metropolitan Museum of Art
67쪽(왼쪽 위) ©Bernard Gagnon
67쪽(왼쪽 아래) ©Rebecca Skevaki
76쪽(위) ©Scott E Barbour
82쪽(왼쪽 위) ©Dan Sloan
82쪽(오른쪽 아래) hadrianswallcountry.co.uk
85쪽(왼쪽) ©Paul Hermans
85쪽(오른쪽) ©Davide Mauro
88쪽(아래) ©Ken Trethewey
89쪽(오른쪽) realmofhistory.com
91쪽(왼쪽) ©pcdazero
91쪽(오른쪽) ©Allyson McDavid
93쪽(왼쪽) ©Benh LIEU SONG
93쪽(오른쪽) spain.info
95쪽(왼쪽) ©Leonardo Benevolo
95쪽(오른쪽) ©Ivan Lapper
97쪽 ©Leonardo Benevolo
111쪽(왼쪽) arenes-nimes.com
113쪽 ©AK Tourismus
122쪽 ©Leonardo Benevolo
124쪽 ©Givaga
126쪽(가운데) ©James Taylor-Foster
126쪽(왼,오른쪽) beta.histoiredelart.fr
128쪽(위) ©Diliff
128쪽(아래) ©Sailko
129쪽 palmanova.travel
130쪽 ©Spiro Kostof
143쪽(왼쪽) ©ernestovdp

148쪽 ©Javier Verdugo Santos
149쪽 ©Jean-Pol GRANDMONT
158쪽(왼쪽 아래) ©Pete Sieger
158쪽(오른쪽 아래) ©French Moments
160쪽(위) museoteca.com
160쪽(아래) ©Ville de Versailles
165쪽 ©blvesboy
166쪽 ©The British Museum
169쪽 welcometoconwy.com
170쪽 trains-et-trainz.fr
171쪽 kingscross.co.uk
173쪽(왼쪽) ©Gustave Doré
173쪽(오른쪽) ©Jacob Riis
177쪽 familistere.com
187쪽(왼쪽) ©Thomas Lewandovski
187쪽(오른쪽) archdaily.com
189쪽 archdaily.com
190쪽(왼쪽) planningtank.com
190쪽(오른쪽) ©duncid
192쪽 fondationlecorbusier.fr
193쪽(왼쪽) chicagology.com
193쪽(오른쪽) ©Chicago History Museum
194쪽 ©Mark Major
195쪽(위) ©TMBW, Gregor Lengler
195쪽(아래) HMG Journal 홈페이지(news.
hmgjournal.com) 2021년 2월 26일자 글
202쪽(왼쪽) mediahub.seoul.go.kr
202쪽(오른쪽) 전자신문(etnews.com) 2021년 6
월 29일자 기사
204쪽 roblox.com

• Google Earth에서 캡처한 이미지는 각 장에
  표기했습니다.
• 퍼블릭 도메인, 저자가 직접 찍은 사진은 따
  로 표기하지 않았습니다.